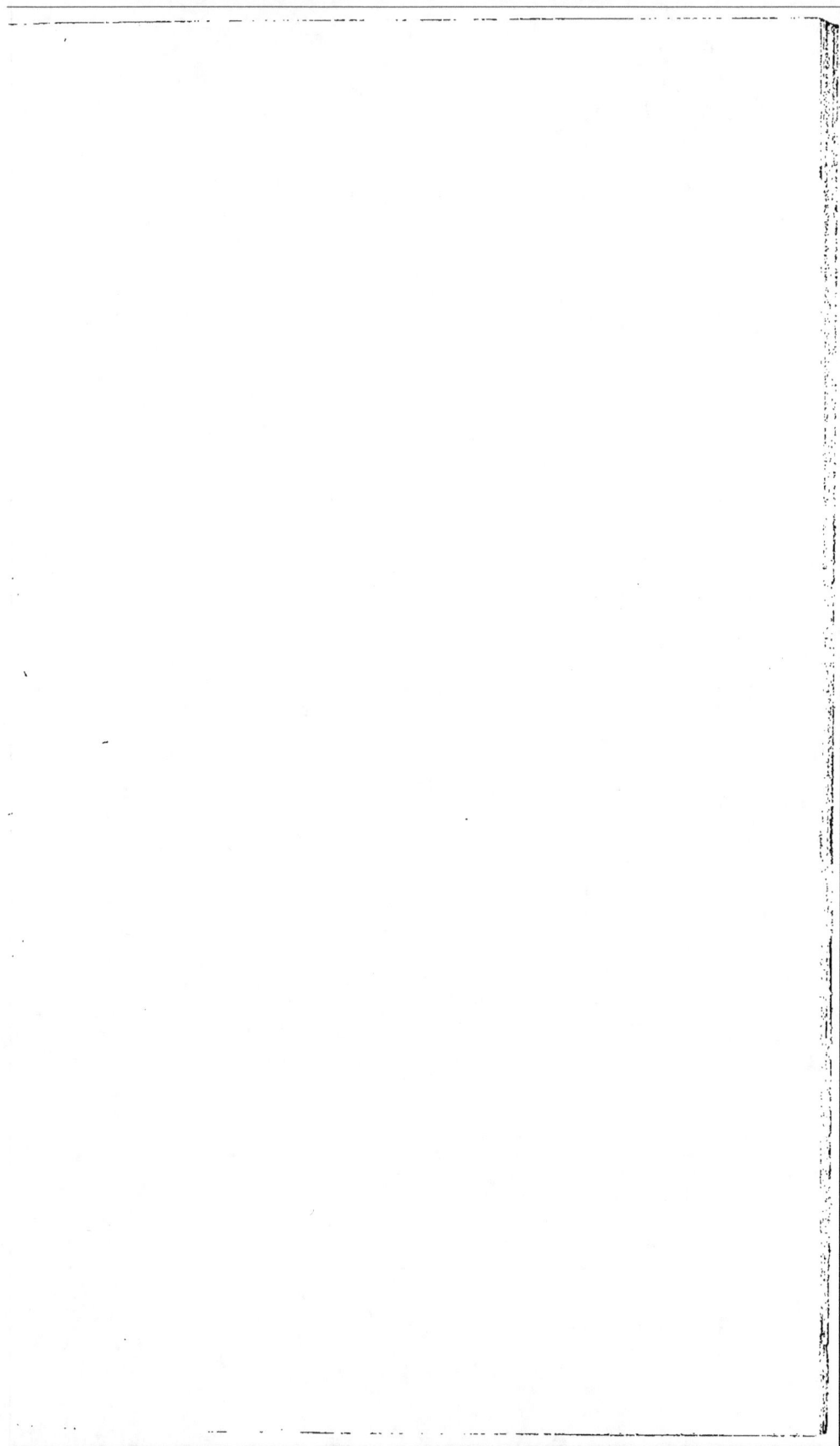

Lk 7 32

# MONUMENT

ÉRIGÉ A LA GLOIRE

## DE SAINT FRANÇOIS DE SALES

A ANNECY.

Notre édition des *OEuvres complètes* de saint François de Sales se compose des ouvrages suivants :

La Vie, par M. Loyau d'Amboise, 1 vol. — Introduction à la Vie dévote, 1 vol. — Sermons, 3 vol. — Traité de l'Amour de Dieu, 2 vol. — Lettres, 4 vol. — Controverses, 1 vol. — Entretiens spirituels, 1 vol. — Opuscules, 1 vol. — Esprit de saint François de Sales, 1 vol.

Suppléments inédits, composés de divers ouvrages, formant les compléments : de l'Introduction à la Vie dévote, du Traité de l'Amour de Dieu, des Sermons, des Lettres, des Controverses, des Opuscules, etc., etc.

Table générale des matières contenues dans les OEuvres complètes.

Monument érigé à la gloire de S. François de Sales, à Annecy : S. François de Sales présentant S. Vincent de Paul aux dames de la Visitation.

Ce recueil se compose de cinq gravures exécutées sur acier, avec les soins les plus minutieux, et forme, avec les discours qui ont été prononcés lors de la translation des reliques du saint évêque dans l'église Saint-Pierre d'Annecy, 1 vol. in-8, et se vend séparément.

Panégyriques de S. François de Sales, évêque et prince de Genève, fondateur de l'ordre de la Visitation de la Vierge, par Bossuet, le P. Bourdaloue, Fléchier, le P. Delarue, le P. de Segaud, le P. Avrillon, le P. Charles Frey de Neuville, et M. de Beauvais, évêque de Senez. Pour servir de complément à l'histoire de sa vie. 1 vol. in-8°, et se vend séparément.

Les Lettres de S. François de Sales adressées à des gens du monde forment 1 vol. in-8°., et se vend séparément.

Lettres de sainte Chantal, fondatrice de l'ordre de la Visitation de la Vierge, augmentées de Lettres inédites, précédées de sa vie, par Bussy-Rabutin, 2 vol. in-8°., ornés de son portrait et d'un modèle de son écriture.

Ces Lettres de sainte Chantal forment le complément nécessaire des œuvres de saint François de Sales ; elles sont imprimées sur très beau papier.

S. François de Sales présentant S. Vincent de Paul aux Dames de la Visitation.

# MONUMENT

## ÉRIGÉ A LA GLOIRE

# DE SAINT FRANÇOIS DE SALES

## A ANNECY,

### VU SOUS DIFFÉRENTS ASPECTS;

Exécuté d'après les plans de M. Dunant, architecte;

#### ACCOMPAGNÉ

DU DISCOURS DE M<sup>GR</sup> L'ÉVÊQUE DE PIGNEROL, ET SUIVI D'UNE
NOTICE SUR SAINT FRANÇOIS DE SALES CONSIDÉRÉ COMME
ÉCRIVAIN, PAR M. G.-M. RAYMOND, MEMBRE DE L'ACADÉMIE
DE SAVOIE ET DE PLUSIEURS SOCIÉTÉS SAVANTES.

*Ce Recueil se compose de cinq Planches gravées sur acier
par M. Sisco.*

# A PARIS,

J. J. BLAISE, LIBRAIRE DE FEU S. A. R. MADAME
LA DUCHESSE D'ORLÉANS DOUAIRIÈRE,

RUE FÉROU S-SULPICE, N° 24, A LA BIBLE D'OR.

M DCCC XXXIV.

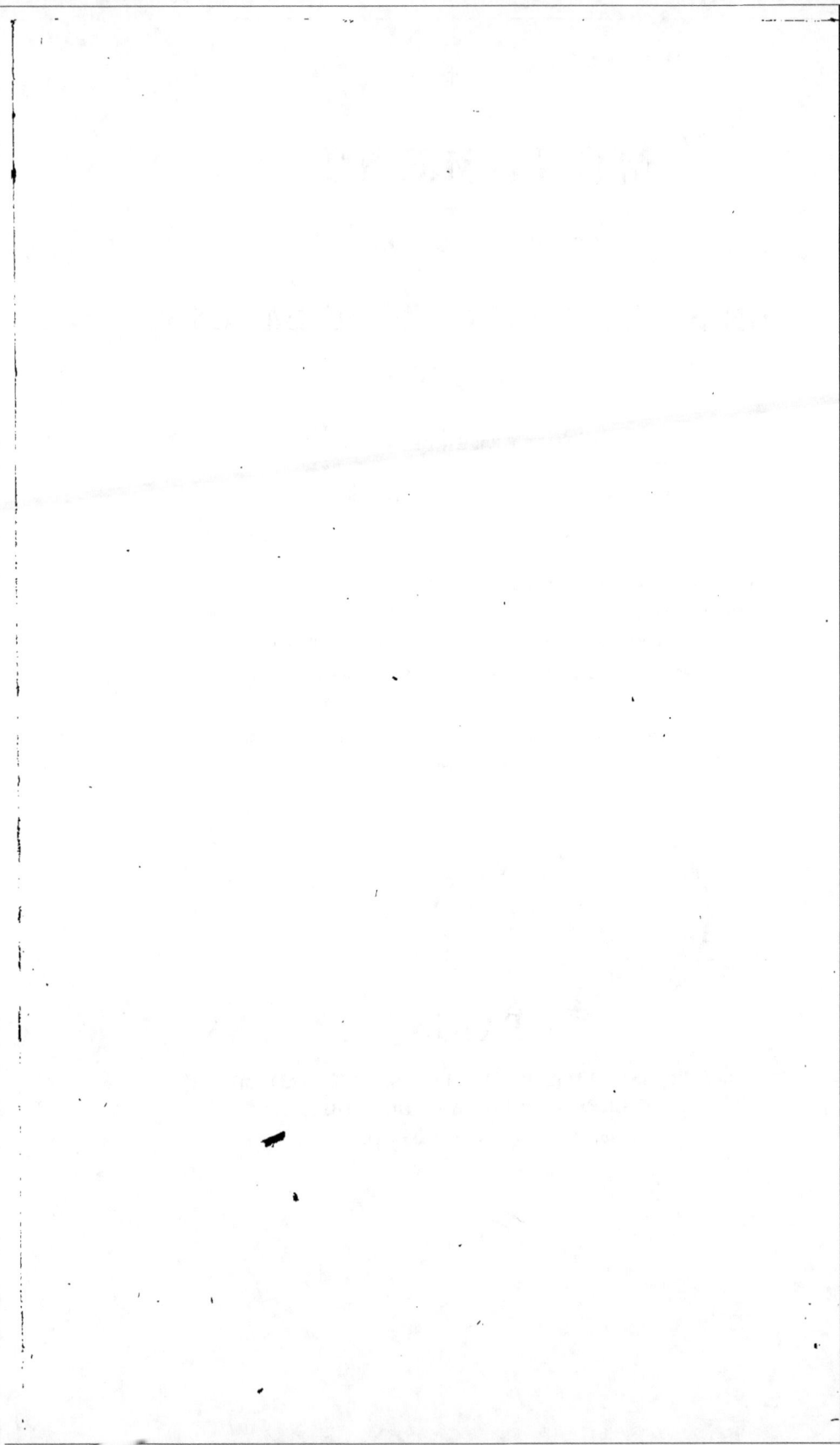

# MONUMENT

### ÉRIGÉ A LA GLOIRE .

## DE SAINT FRANÇOIS DE SALES

### A ANNECY.

## AVERTISSEMENT.

Le nom de saint François de Sales est en si grande vénération,
il rappelle des souvenirs tout à la fois si touchants et si sublimes,
que tout ce qui a trait à ce bienfaiteur de l'humanité souffrante,
à ce héros du christianisme, ne peut qu'être favorablement accueilli de toutes les personnes pieuses qui ont voué un culte à sa
mémoire; aussi croyons-nous leur faire un véritable plaisir en
leur offrant la représentation fidèle du monument qui fut érigé
il y a quelques années à la gloire de ce grand homme. Ce monument, qui renferme actuellement les reliques précieuses du
saint, n'est remarquable, sans doute, ni par son étendue, ni
par la hardiesse de ses proportions, ni par la richesse de ses
ornemens, mais il se distingue par la pureté, par la noble simplicité de son architecture, plus conforme à sa pieuse destina-
tion, et à l'humilité de celui qui trouva la maison de Dieu plus
grande que tous les palais de la terre.

Nous avons cru devoir faire précéder les gravures, du discours que M<sup>gr</sup> Rey, évêque de Pignerol, prononça à l'occasion
de la translation des reliques de saint François de Sales, per-
suadé qu'on ne liroit pas sans le plus vif intérêt un écrit aussi
recommandable par la solidité des pensées, l'élévation et la
chaleur des sentiments, que par la noblesse et la vigueur de l'expression.

Nous ne saurions également passer sous silence une notice

I

par **M. G.-M. Raymond**, intitulée *Saint François de Sales, considéré comme écrivain*, que nous nous estimons heureux de pouvoir offrir à ses nombreux admirateurs ; c'est un aperçu extrêmement piquant sur la situation des lettres françoises aux xvie et xviie siècles, où l'on trouve une appréciation parfaite des écrits de l'évêque de Genève, envisagés sous le rapport purement littéraire.

M. Raymond rapproche les ouvrages de saint François de Sales de ceux de ses contemporains ; il démontre d'une manière péremptoire que celui-ci réunit au plus haut degré tout le charme dont la langue de son temps étoit susceptible, et qu'il sut presque toujours s'affranchir de ces grâces étudiées, de ces tours péniblement ingénieux, de cette enflure et de cette afféterie qui formoient le caractère distinctif des écrivains de cette époque.

C'est à l'extrême complaisance de M. Burdet, imprimeur-libraire à Annecy, que nous sommes redevable de l'obtention des dessins qui font le sujet de cette publication ; M. Dunant les a levés avec le talent qui le caractérise, et M. Sisco les a reproduits avec une extrême fidélité.

Nous offrons, 1°. le plan ; 2°. le portail ; 3°. la perspective intérieure ; 4°. la châsse du saint ; 5°. saint François de Sales et saint Vincent de Paul réunis en un tableau qui offre un intérêt touchant. L'artiste a choisi le moment où saint Vincent de Paul, à la prière de saint François de Sales, se charge de diriger les dames du nouvel institut de l'ordre de la Visitation, dont ce dernier étoit le fondateur. Madame veuve Legras, née de Marillac, et les dames de cet établissement, viennent offrir leurs remercîmens au pieux prélat et à l'illustre bienfaiteur de l'humanité.

# DISCOURS

PRONONCÉ DANS LA NOUVELLE ÉGLISE DU MONASTÈRE DE LA VISITA-
TION A ANNECY, EN PRÉSENCE DE LL. MM. LE ROI DE SARDAIGNE
CHARLES-FÉLIX ET LA REINE MARIE-CHRISTINE, A L'OCCASION DE
LA TRANSLATION DES RELIQUES DE SAINT FRANÇOIS DE SALES, LE
21 AOUT 1826, PAR MONSEIGNEUR REY, ÉVÊQUE DE PIGNEROL.

Les reliques de saint François de Sales reposoient avant la révolution sur le maître-autel de l'église de la Visitation, au premier monastère d'Annecy. Après la dispersion des religieuses,
ces saintes reliques furent transportées dans l'église de Saint-
Pierre de la même ville : les temps devinrent si mauvais que
l'on vit approcher l'affreux moment où elles seroient indignement profanées, et probablement détruites : un frémissement
de crainte et de douleur tourmentoit les âmes fidèles : le ciel
en eut compassion, et par une admirable protection de la
Providence le corps saint fut sauvé; quatre fidèles d'Annecy se
dévouèrent en quelque sorte pour cette bonne œuvre : après
avoir préparé dans le plus grand secret la dépouille d'un autre
mort, ils la substituèrent adroitement pendant la nuit au corps
de saint François de Sales, dans la châsse où il étoit renfermé,
ils emportèrent la sainte relique et dressèrent un procès-verbal
de ce précieux enlèvement. Peu de jours après la tourbe révo-
lutionnaire, en s'emparant de la châsse d'argent, prit aussi le
corps supposé, et crut avoir remporté un grand triomphe sur
la religion en jetant dans le lac cette prétendue relique.
Quand l'orage de l'impiété se fut calmée, la relique véritable
fut découverte et rendue par ceux mêmes qui l'avoient si heureusement soustraite et conservée; l'autorité ecclésiastique en
reconnut l'authenticité, et peu d'années ensuite une première
translation du corps saint eut lieu, et il fut placé dans une chapelle de la même cathédrale où il est resté jusqu'au 21 août 1826.
C'est en ce jour mémorable que le corps du saint évêque de
Genève, entouré de onze prélats, parmi lesquels il y avoit trois
archevêques, sept évêques et un abbé mitré, a été porté solen-
nellement à la suite de cinq cents prêtres, et à travers une im-

mensité de fidèles dans la nouvelle église de la Visitation qui avoit été sacrée peu de jours auparavant par Monseigneur De Thyollaz, évêque d'Annecy. Sa Majesté la Reine de Sardaigne Marie-Christine avoit fourni à toute la dépense de cet édifice religieux, avec la seule condition que son nom resteroit inconnu. Ce beau monument s'est élevé avec une rapidité étonnante : la main généreuse qui opéroit ce prodige demeuroit cachée, mais l'habitude de voir tant d'autres bienfaits sortir de la même source, et le doux instinct de la reconnoissance, firent soupçonner quelle pouvoit être l'auguste bienfaitrice, et le premier qui osa tout haut prononcer son nom, trouva pour le répéter un écho dans tous les cœurs. C'est sur ces entrefaites qu'eut lieu la translation, et que fut prononcé ce discours.

> *Et erit sepulchrum ejus gloriosum.*
> Son sépulcre sera glorieux.
> ISAÏE, XI, V. 10.

SIRE, c'est à Jésus-Christ sans doute que doit s'appliquer la prophétie qui annonce qu'un tombeau sera entouré de gloire, et que les nations adresseront leurs vœux à celui que la mort n'a pu y retenir, *ipsum gentes deprecabuntur, et erit sepulchrum ejus gloriosum;* mais ce que le Sauveur du monde a fait pour lui-même, il le reproduit d'une autre manière dans les saints qui ont marché sur ses traces : et comment en effet exprimer autrement que par les paroles du prophète ce qui se passe aujourd'hui sous nos regards? à la vue de ces fidèles empressés qui accourent de toutes parts au tombeau de François de Sales, à la vue de ce triomphe ravissant que la piété décerne à sa sainte dépouille, à la vue de l'auguste cortège qui l'accompagne, n'a-t-on pas droit de s'écrier avec Isaïe : O que son tombeau est glorieux; et qu'il fait beau contempler les hommages dont les peuples l'entourent! *ipsum gentes deprecabuntur, et erit sepulchrum ejus gloriosum.*

Que de motifs portent pour nous aujourd'hui jusqu'à l'exaltation le sentiment du bonheur! un peuple religieux autour du tombeau de son apôtre! un peuple fidèle autour du trône de son Roi! ô mon Dieu! comme vous savez récompenser ceux qui vous servent, et combien un seul jour suffit pour nous dédommager de tant d'autres où tout manquoit à nos vœux! Qu'as-tu donc avancé, perfide philosophie, et où viennent aboutir tes efforts pour arracher cette relique sainte à notre culte, et cette royale famille à notre amour? Le Seigneur veilloit sur l'une et sur l'autre, et ma patrie, toujours affamée de la gloire de son Saint et du retour de son prince, jouit doublement aujourd'hui du prix de sa constance et de sa fidélité.

Vous permettez sans doute, grand saint, que nous unissions en ce moment dans un même hommage le double sentiment que réveille dans nos cœurs l'auguste solennité dont vous êtes l'objet, vous qui savez combien de fois nous vous avons invoqué dans les jours de douleur pour que le ciel nous rendît et ce trône et ces autels. Le torrent de l'impiété nous avoit entourés de ruines par ses ravages : ce n'étoit plus, hélas ! que furtivement que nous osions encore venir dans l'obscurité arroser de nos larmes les débris de ce sanctuaire, où pendant deux siècles vous avez agréé le culte de notre vénération, et exaucé les vœux que vous adressoit notre confiance. Des mains sacriléges, après avoir profané l'asile sacré que vous vous étiez choisi au milieu de nous, osèrent espérer de se venger sur vous-même de la protection si marquée que vous accordiez à votre ancien troupeau. Mais que peuvent les desseins des méchants contre les bontés du Seigneur? l'arche sainte, il est vrai, fut enlevée, des Philistins nouveaux, mille fois plus impies que les premiers, la dépouillèrent de ses ornements, et se jetèrent avec avidité sur les richesses dont la piété royale l'avoit entourée, mais le dépôt précieux qu'elle renfermoit échappa à leur sacrilége fureur, et des chrétiens dévoués conservèrent à la fidèle cité la relique vénérée de son puissant protecteur. Placée dans l'intérieur d'un mur pendant les jours mauvais, elle fut comme un rempart contre les assauts que livrèrent à la foi des habitants le schisme et l'impiété : la tempête fut violente, mais la fidélité fut inébranlable ; et l'on put voir sur tous les points de notre patrie que le bercail de saint François de Sales étoit toujours digne de son ancien pasteur : les monuments de la foi de ce peuple et de la constance de ses guides au milieu de tant d'épreuves, sont gravés sur les murs des prisons, dans les déserts de l'exil, et jusques sur les marches des échafauds.

O qu'elles étoient honorables les chaînes que portèrent alors pour la religion les ministres de ses autels ! qu'il est noble le sang qu'ils répandirent pour elle ! et combien saint François de Sales aimoit à protéger à travers une longue captivité le pontife vénérable qui est aujourd'hui chargé de son troupeau !

Enfin après les années de douleur l'aurore d'un plus consolant avenir commença à luire sur nous, et les saintes reliques furent rendues à notre vénération : elles étoient dès-lors sur de nouveaux autels comme dans un lieu d'attente, d'où elles sembloient appeler une main puissante et religieuse qui leur bâtît un sanctuaire à la place de celui d'où elles avoient été arrachées : le ciel entendit leur voix, et le Dieu qui veille à la gloire de ses saints a suscité, pour bâtir ce temple nouveau, une main auguste à qui les fidèles en sont redevables : son nom est connu des esprits célestes, ils l'ont inscrit sur le livre de vie ; mais l'ange des vertus a défendu qu'on le répétât sur la terre, nous lui obéirons, et son secret sera religieusement respecté par notre soumission ; mais oserions-nous promettre qu'il ne sera jamais trahi par notre reconnoissance?

Quoi qu'il en soit, filles de saint François de Sales qui chanterez les louanges du Seigneur autour de ce sanctuaire, et vous tous, fidèles qui le fréquenterez, jamais dans vos prières pas plus que dans vos cœurs vous ne pourrez oublier votre bienfaitrice. Et nous, pour célébrer un jour si beau, sanctifions pour ainsi dire les échos de ce nouveau temple en leur apprenant à répéter le nom de François de Sales, et à nous parler des aimables vertus dont il rappelle le souvenir ; et pour cela répétons nous-même les traits principaux de la vie de ce grand serviteur de Dieu, et voyons ce qu'il fit pour sa propre sanctification, et ce qu'il entreprit pour assurer celle des autres.

Reine des vierges ! glorieuse mère de Dieu, ô Marie ! qui jamais vous honora d'un culte plus pur, et avec une piété plus tendre que François de Sales ! ah ! puisque vous avez constamment agréé les hommages de son cœur, ne refusez pas ceux que vous offre aujourd'hui le nôtre ! pendant sa vie vous présidiez, pour ainsi dire, à ses démarches et à ses vertus ; daignez encore présider aujourd'hui à ses éloges !
*Ave Maria.*

Les divines Écritures, au jugement de saint Ambroise, nous enseignent qu'il faut louer dans les saints non seulement leur piété, mais encore leur famille, parce que ordinairement la vertu dans les enfants est le fruit de l'éducation qu'ils ont reçue de leurs pères : nous serions donc autorisé à louer ici dans saint François de Sales la noblesse de son origine, et les rares qualités qui distinguoient les parents illustres auxquels il dut le jour ; mais François n'a pas besoin de cet emprunt ; il fut assez grand par lui-même, et l'éclat de sa noblesse n'égala jamais celui de ses vertus ; docile aux impressions que faisoient sur son cœur les exemples et les leçons qu'il recevoit dans la maison paternelle, François parut n'avoir point d'enfance à la manière dont il les pratiquoit. Ses premiers pas furent pour accompagner sa pieuse mère dans les temples du Seigneur, ou sous les réduits qui servent d'asile à la misère : son cœur dès-lors apprit à aimer les pauvres, et il s'accoutuma dès l'aurore de sa vie à répandre d'abondantes aumônes dans leur sein : elles lui étoient fournies par la piété de ses parents, qui doubloient ainsi le mérite de leurs œuvres en faisant passer les dons de la charité par les mains de l'innocence ; déjà même à cette époque François savoit se priver d'une partie de sa nourriture et fournir par ce touchant sacrifice des aliments à l'indigence.

Ainsi que la piété, l'intelligence dans François avoit prévenu les années, et il parut aussi précoce dans ses talents qu'il l'étoit dans ses vertus : envoyé dès l'âge de six ans au collége de la Roche, puis à celui d'Annecy, partout il ravit ses maîtres par sa docilité, et il les étonna par ses progrès : leurs leçons ne suffi-soient pas pour l'occuper, il y suppléoit par son ardeur, et se procuroit de lui-même des connoissances proportionnées à l'étendue de son génie et à la solidité de son jugement. Mais en ornant ainsi son esprit, son zèle pour sa sanctification le por-toit surtout à cultiver dans son cœur ces belles dispositions qui devoient dans la suite montrer en lui un savant aussi vertueux, et un saint aussi aimable : heureuse époque où l'on ne connois-soit pas encore la perfide méthode de donner aux enfants des connoissances sans éducation, et la coupable manie d'exalter les lumières pour se passer des vertus ! Pour ajouter encore aux connoissances que le jeune François avoit acquises dans les écoles de sa patrie, son père résolut de l'envoyer à Paris conti-nuer ses études auprès des plus grands maîtres, quoiqu'il n'eût pas encore atteint la douzième année de son âge. La brillante carrière que François devoit courir dans cette capitale n'éblouit point sa pieuse mère : bien plus effrayée des écueils que rencon-treroit la vertu de son fils, que touchée des avantages qu'y trou-veroient ses talents, elle redoubla de zèle pour affermir la piété dans son cœur. Ainsi que la reine Blanche, elle lui répétoit souvent ces paroles si dignes d'une mère chrétienne : O mon fils, je vais être séparée de vous, mais je préférerois de vous savoir au tombeau plutôt que d'apprendre que vous eussiez com-mis un seul péché mortel. Hélas ! ces sentiments si sublimes et si religieux sont à peine compris dans notre siècle, et l'on se livre à des inquiétudes bien différentes quand les enfants pour leur éducation doivent se séparer de leur famille.

François s'arrache donc aux larmes et aux tendres embrasse-ments d'une mère vertueuse et éplorée, et accompagné d'un ec-clésiastique de mérite qu'on lui a donné pour guide, il va rece-

voir à Paris tout ce qui peut contribuer à lui donner la plus brillante éducation. Et en effet il termina les cours de rhétorique et
de philosophie avec un succès et un éclat qui décelèrent toute
l'étendue de ses talents comme ils attestoient la perfection de ses
études. Pour répondre aux vues de ses parents le jeune François dut aussi s'adonner aux arts d'agrément, et acquérir ce
genre de connoissances qui rendent aimable aux yeux du monde,
et qui étoient comme nécessaires à un gentilhomme destiné à occuper un rang distingué dans sa patrie. Mais hélas! les craintes
de la pieuse comtesse de Sales ne vont-elles point se réaliser, et
François ne perdra-t-il pas en vertu tout ce qu'il va acquérir en
agrément? Doué des formes les plus belles que l'âge développe
chaque jour avec un nouvel avantage, les qualités brillantes qu'il
va y ajouter ne seront-elles point un écueil pour son innocence,
et peut-être un piége pour celle des autres? hélas! si nous avions
à le juger d'après l'expérience trop ordinaire du siècle où nous
vivons... pleurez, mère infortunée, votre fils ne réussira que
trop, il surpassera même en qualités agréables tous les jeunes
gens de son âge, mais cette fleur si belle, si bien cultivée, sous
un ciel brûlant ne sera-t-elle pas flétrie dès son aurore? non,
rassurez-vous, François ne perdra rien des dons de la grâce en
embellissant ceux de la nature; il sera le jeune homme le plus
aimable, mais il ne cessera pas d'être le plus vertueux : il se
préservera du danger de ses propres qualités par l'usage qu'il
saura en faire, et par les motifs qui l'ont engagé à les acquérir.

L'obéissance d'abord et non le goût particulier déterminèrent
le jeune de Sales à se procurer ces connoissances frivoles dont il
appréciait le peu de solidité; mais ensuite, amant passionné de
la vertu, François vouloit, pour la faire aimer au monde, l'en-
vironner de tout ce qui plaît au monde sans la blesser elle-
même, et il présenta dans sa personne le spectacle si rare et si
ravissant d'un jeune seigneur en qui on admiroit tout à la fois
l'innocence des mœurs, la gravité des manières et l'étendue des
connoissances : un maintien noble, un air prévenant, une con-
versation aisée, une piété douce, un cœur bon, un esprit orné,
un caractère liant; la réunion en un mot de tout ce que la nature présente de plus aimable, de tout ce que l'éducation pro-
cure de plus brillant, et de tout ce que la religion exige de plus
parfait : intéressant modèle à présenter à la jeunesse pour lui
montrer qu'au milieu du monde même la piété ne dépare personne, et qu'un jeune homme, à quelque famille qu'il appar-
tienne, n'est véritablement accompli, que lorsque aux attraits
de l'âge il sait réunir les charmes de la vertu.

Mais par quels moyens dans une grande ville François de Sales avoit-il su éviter tous les écueils de la jeunesse, en en conservant tous les agréments ? ce fut en évitant ce désœuvrement fatal qui enseigne tous les vices, au jugement de l'Esprit Saint. François connoissoit le prix du temps et combien dans l'âge des passions il seroit funeste d'en abuser. La supériorité de ses talents lui laissoit de fréquents loisirs dans ses études, il lui eût été facile, à l'exemple de tant d'autres, de les employer à ses plaisirs : Paris lui en eût offert de tout genre ; mais François étoit chrétien, il vouloit son salut, il le vouloit sérieusement, et dès lors, pour fournir un aliment à l'activité de son génie, il ajoutoit aux leçons de ses maîtres des leçons nouvelles, et l'étude des langues anciennes vint remplir les intervalles que lui laissoient ses autres occupations.

A un travail assidu il joignit la lecture des livres de piété : l'Ecriture Sainte avoit pour lui un doux et continuel attrait : il repoussa constamment tous les ouvrages qui auroient pu égarer son esprit, ou corrompre son cœur ; ils étoient rares encore à cette époque, même à Paris : la philosophie dans ce siècle heureux n'avoit pas encore vomi ses torrents de poisons qui ont inondé le nôtre. Jamais aucun mauvais livre n'avoit paru dans la famille de François, et l'on ne croyoit pas encore alors que ce qui étoit un fléau pour la vertu, pût devenir un ornement pour une bibliothèque.

Pour se préserver des plaisirs dangereux, François sut trouver des plaisirs innocents dans la fréquentation des personnes les mieux capables par leurs exemples d'affermir la piété dans son cœur : jamais âme ne fut mieux faite pour l'amitié que celle de François, mais jamais homme ne fut ni plus prudent, ni plus heureux dans le choix de ses amis ; il suffiroit d'en nommer quelques uns pour faire tout à la fois l'éloge de son discernement et de sa sensibilité : en Savoie, l'illustre président Favre, et à Paris, le père Ange de Joyeuse, qui de duc et maréchal de France, s'étoit fait religieux, furent ses amis particuliers ; celui-ci inspira au jeune François un amour si grand pour la mortification que dès-lors il portoit le cilice trois fois par semaine.

L'âme sensible et pieuse de François éprouvoit habituellement le besoin de se soustraire à ses occupations, pour aller goûter dans les temples du Seigneur un repos que l'on trouve rarement dans les palais du monde : ange visible sur la terre, il aimoit à se mêler aux esprits célestes qui environnent le trône de Jésus-Christ sur nos autels : associé à leur amour, il s'associoit encore à leur nourriture, et le pain de l'Eucharistie alimentoit toutes les vertus dans son cœur. Il fréquentoit surtout les églises où régnoit le plus de recueillement, et ce fut le motif de ses visites assidues à celle de Saint-Etienne des Grès. Là, anéanti devant Dieu, au pied d'une image de la Reine des vierges, il se consacra entièrement à son service, et il osa à la fleur de son âge vouer une chasteté éternelle en son honneur. O qu'il dut vous plaire, mon Dieu, ce sacrifice généreux d'une âme pure! et en effet peut-il y avoir sur la terre un autel plus digne de vous qu'un cœur ainsi enflammé par la charité, et embelli par la pudeur! c'est sur cet autel où chaque jour François vous immolera toutes ses affections, et fera remonter jusqu'au trône de votre amour les soupirs ardents qui en étoient descendus. O cœur de Jésus! ô amour de François!

Mais à quelle épreuve, ô mon Dieu, vous réserviez la tendresse de votre fidèle serviteur!

Ce jeune homme qui étoit, il y a quelques jours, l'admiration du ciel et les délices de la terre, je l'aperçois aujourd'hui noyé et comme abîmé dans la tristesse la plus profonde : le sommeil fuit loin de ses yeux ; son corps se refuse à toute nourriture : ses sens sont dans un abattement universel, un nuage épais, d'affreuses ténèbres, enveloppent son âme et la plongent dans la plus noire mélancolie : François s'est laissé persuader que ce Dieu qu'il a tant aimé, qu'il aime tant encore, l'a placé dans sa justice au nombre des réprouvés, tandis qu'il avoit toujours espéré que sa miséricorde le placeroit au nombre de ses élus. Il a perdu la paix de l'âme, il perd avec elle le peu de forces qui lui restoient, et bientôt une jaunisse universelle annonce à son précepteur, annonce à ses amis, que les angoisses de François le conduiront au tombeau. Tout est en alarmes autour de lui : mille soupçons s'élèvent sur la nature de sa situation, quelques uns même très injurieux à sa vertu ; François garde le silence envers tous, et concentre son désespoir dans son cœur. Mourir, et ne vous plus aimer! ô mon Dieu, quelle perspective cruelle pour l'âme de François! mourir, et ne plus vous aimer!

Dans cette affreuse situation, que va donc devenir notre infortuné jeune homme? il retourne à la même église, où il avoit naguère voué son cœur et son corps avec tant de générosité sur les autels de la pudeur, il aperçoit l'image de la Vierge sainte qui avoit agréé son sacrifice : à cette vue un mouvement de confiance renaît dans son âme abattue : il se prosterne aux pieds de sa protectrice, se regardant comme indigne de s'adresser directement au Dieu de toute consolation. « O vous, s'écrie-
« t-il, que j'osois appeler ma mère dans les moments heureux

« où il m'étoit permis d'espérer que j'aimerois un jour éternelle-
« ment votre fils adorable ! ah ! prenez compassion de mon cœur,
« et puisqu'il est décidé qu'après ma mort je ne dois plus aimer
« le Dieu qui vous fit si bonne, obtenez du moins que je puisse
« l'aimer le reste de ma vie, et jusqu'au jour où commencera
« mon affreuse éternité ! » A l'instant François se sent soulagé
comme d'un poids énorme qui opprimoit son cœur, le trouble
disparoît, la tentation est vaincue, un jour nouveau vient luire
sur son âme, et tous les avantages attachés à la paix renaissent
avec elle.

Ce ne fut pas seulement à Paris, mais encore à Padoue que
François eut à supporter ces épreuves qui sont la marque certaine des prédilections du Seigneur : envoyé dans cette dernière
ville pour y étudier le droit sous les maîtres habiles qui l'ensei-
gnoient à cette époque, il eut à lutter contre le torrent des
exemples et les dangers de la séduction. Unissant aux vertus
d'un chrétien fervent toutes les qualités d'un homme aimable,
François inspira souvent par sa seule présence des sentiments
auxquels ni son cœur ni sa volonté n'eurent jamais aucune
part : son extérieur plein de grâce devenoit dans une ville cor-
rompue un écueil continuel pour sa pudeur, et plus d'une fois il
eut à repousser les offres éblouissantes de la passion ou les arti-
ficieuses insinuations du vice. Les libertins qui abondent toujours
dans les grandes villes (hélas ! souvent même dans les petites),
les libertins qui préfèrent au noble courage de pratiquer la
vertu, le courage honteux de la contredire, n'ayant point assez
de volonté pour suivre les exemples de François, eurent assez
de malice pour entreprendre de l'associer à leur déréglement ; les
malheureux ! Ils voulurent détruire ce qu'ils n'avoient pas le courage d'imiter. Ils associèrent à leurs monstrueux projets une
femme déhontée et artificieuse qui ne doutoit pas de remporter
une coupable victoire sur l'innocence, et d'immoler la vertu de
François à ses perfides attraits.

Cette impudente se présente chez notre jeune saint, qu'elle
regardoit déjà comme sa victime : une feinte modestie règle
d'abord son maintien, et dicte ses premières expressions ; François la reçut avec cette honnêteté qui lui étoit si naturelle, ne
soupçonnant point encore le piége que l'on venoit tendre à sa
pudeur. Bientôt certains regards réveillèrent son attention, et
des expressions peu châtiées doublèrent sa crainte en l'assurant
du danger ; enfin un dernier mot échappe au suppôt de Satan :
à l'instant le jeune comte se lève et chasse impitoyablement
d'auprès de lui la détestable créature qui avoit osé attenter à sa

pudeur : cette indécente et sacrilége tentative contre la vertu de
François ne servit qu'à la faire briller d'un nouvel éclat.

Notre jeune saint étoit réservé à tous les genres d'épreuve,
pour assurer à sa piété tous les genres de victoire. L'esprit et le
cœur de François avoient été éprouvés par la tentation, son
corps le fut par la maladie. Une fièvre violente et dangereuse vint
l'attaquer; ses progrès furent rapides, le danger s'accroissoit,
et en peu de jours les médecins avouèrent que, malgré leurs
soins, les secours étoient épuisés, et que l'art n'avoit plus de
ressources dès que les forces manquoient à la nature. Tout se
désole autour de François, excepté François lui-même : la mort
approche..... les nombreux amis du jeune de Sales, ses admirateurs plus nombreux encore sentent déjà au fond de leur cœur
le coup fatal qui dans quelques instants va les priver ou d'un
ami ou d'un modèle. C'en est donc fait! ô sort cruel! François
va être arraché à ceux qui l'aiment!

Le permettrez-vous, ô mon Dieu! et ce flambeau qui devoit
éclairer les nations, et luire dans votre église, sera-t-il éteint
dès son aurore? ah! cette fleur est digne sans doute de briller
dans vos tabernacles éternels; mais sera-t-elle donc coupée
quand elle ne fait que d'éclore? Peuples du Chablais, désolez-vous;
si François meurt vous restez dans les ténèbres. Anges protecteurs de l'église de Genève, hâtez-vous de porter au pied du
trône des miséricordes les besoins d'un diocése confié à votre
garde, et ranimez celui qui doit en être un jour l'ornement et la
gloire. Le ciel se laisse fléchir, la crise s'opère, François nous
est rendu. La religion sourit à son rétablissement, tandis que le
démon de l'hérésie frémit en pressentant les coups que doit lui
porter un jour l'objet de tant de vœux et de tant d'alarmes.

François, âgé alors de 24 ans, avoit terminé son cours d'études avec une gloire que rien ne pouvoit surpasser hormis la modestie dont il savoit l'accompagner. Il reçut de son père l'ordre
de visiter avant son retour les principales villes d'Italie : la
piété dans ce voyage occupa presque tous les loisirs dont s'em-
pare la curiosité dans les voyageurs ordinaires : Rome et Lorette furent les deux principaux théâtres de sa ferveur; dans la
première ville il mêla ses larmes au sang des martyrs dans les
catacombes, et sentit sa foi s'enflammer encore à la vue du
tombeau des apôtres, du trône de saint Pierre, du siége inébranlable de ses successeurs. A Lorette François renouvela à la
Vierge sainte dont on y vénère l'humble demeure l'offrande de
son cœur, et l'assurance de sa ferme volonté de ne jamais le reprendre. Enfin le jeune comte de Sales arrive dans le sein de

sa famille, où il est accueilli avec les démonstrations de joie les plus extraordinaires et les plus attendrissantes. Le cœur de François mieux qu'aucun autre connoissoit le prix de telles jouissances; sa haute sagesse n'ôtoit rien à sa douce sensibilité, et il sut prouver que la piété sanctifie, sans les détruire, les plaisirs innocents de la société ou de la nature.

Rien n'égaloit la consolation qu'éprouvoient les parents de Fraçois à la vue des qualités admirables et des rares vertus dont il étoit doué : son père lui avoit ménagé tous les avantages qui pouvoient lui assurer dans le monde une carrière digne de sa naissance, de ses talents et de son éducation : un riche parti lui étoit préparé ainsi que l'assurance d'une charge honorable dans l'illustre sénat de Savoie; mais les pensées de Dieu sur notre jeune saint étoient bien différentes des pensées des hommes, et c'est pour suivre la sainte vocation à laquelle le Seigneur l'avoit destiné dans son sanctuaire qu'il eut le courage de résister à tout ce que les instances de sa famille avoient de plus pressant, et à tout ce qu'il y avoit de séduisant dans leur tendresse. Les obstacles furent nombreux, les sollicitations vives et les larmes abondantes; mais François fut inébranlable, et ses parents durent enfin acquiescer à sa sainte et irrévocable résolution. Il fut alors pourvu à son insu de la première dignité du chapitre de Genève, mais François, qui venoit de tout sacrifier pour fuir les honneurs du monde, s'effraya encore à la vue des honneurs de l'église; il protesta même qu'il ne les accepteroit pas, et sa modestie ne céda dans cette circonstance que parce que les vues de Dieu parurent se manifester d'un manière trop visible pour qu'il pût encore légitimer sa résistance : François fut donc prévôt de Genève, et se disposa par les exercices de religion les plus fervents à la réception des ordres sacrés : ici une nouvelle perspective s'ouvre devant nos regards; François est prêtre, il n'est plus à lui, et s'il a tant fait jusqu'ici pour sa propre sanctification, il va désormais se consacrer entièrement à celle des autres.

### Second point.

Quel langage pourroit être assez éloquent, et en même temps assez concis pour peindre en peu de moments le tableau de ce ministère apostolique dont toutes les années, que dis-je? dont tous les jours furent marqués par les entreprises du zèle et par les heureux succès de la charité! quand on parle de François de Sales, combien de bourgades et de cités rappellent le souvenir

des merveilles dont elles ont été témoins? Paris, Lyon, Gre-
noble, Dijon, furent dans la France les théâtres de son zèle; mais
la Savoie, mais sa patrie, que ne lui doit-elle pas, et que n'au-
roit-elle pas à dire pour publier ses louanges en racontant ses
bienfaits? y a-t-il une seule ville parmi nous, une seule paroisse
peut-être qui ne conserve encore aujourd'hui quelques monuments de sa piété, et le plus tendre souvenir de ses aimables
vertus? y a-t-il une seule église parmi celles que nos désastres
ont épargnées, qui n'ait retenti de ses touchantes leçons? ah!
si les voûtes sacrées de nos anciens temples pouvoient nous re-
dire tout ce que son zèle fit entendre à nos pères, nous éprou-
verions peut-être comment François savoit inspirer la vertu, en
voyant comment il savoit la peindre; mais puisque nous ne pou-
vons écouter ces tendres et sublimes accents, rappelons du moins
le souvenir de ses œuvres, et osons avec confiance offrir quelques traits de cet admirable tableau. Consolons-nous de ne pouvoir ajouter aucun ornement au récit de ses vertus. Elles brillent
assez par elles-mêmes, et dans saint François de Sales, l'histoire
simple de sa vie sera toujours son plus bel éloge.

L'onction du sacerdoce, à laquelle saint François s'étoit dis-
posé avec tant de ferveur, avoit rempli son âme d'un amour
ardent pour l'église dont il devenoit le ministre, et pour les
âmes dont il devenoit le pasteur : il catéchisoit avec tant de
douceur, instruisoit avec tant de clarté, prêchoit avec tant
d'onction, que le vice ne pouvoit résister à son zèle, et que les
pécheurs couroient en foule se jeter entre les bras de sa charité.
Semblable au Sauveur du monde, il parcouroit les bourgs et les
villages, instruisant les hommes du peuple sans jamais se rebu-
ter de ce que l'ignorance ou la grossièreté opposoient de difficulté
à son ministère. A l'imitation de saint Paul, il se fit tout à tous
pour les gagner tous à Jésus-Christ.

Né avec une âme sensible, un caractère vif et un tempéra-
ment bouillant, jamais homme peut-être n'eut moins de dispositions naturelles à la douceur, et jamais homme n'a possédé à
un plus haut degré cette aimable vertu. Que de combats il eut
à se livrer, que de violence il dut se faire pour réprimer, et en-
chaîner pour ainsi dire les premiers mouvements de la nature?
mais le désir de gagner les pécheurs, de servir l'église, en un
mot, le zèle pour la sanctification des âmes le fit triompher de
tous les obstacles, et remporter la plus belle et la plus rare des
victoires; c'est-à-dire se vaincre soi-même. Il s'y étoit accou-
tumé, il est vrai, dès sa jeunesse; mais les occasions de prati-

quer la douceur ne s'étoient jamais présentées aussi fréquemment que dans l'exercice du saint ministère : François porta cette vertu à un degré héroïque surtout dans cette lutte célèbre qu'il eut à soutenir contre l'hérésie, qu'il avoit eu le courage d'attaquer, et qu'il eut la gloire de vaincre.

La guerre, dont les suites sont toujours si terribles pour les peuples, en avoit eu les plus tristes et les plus désastreuses pour les habitants du Chablais et de quelques autres contrées près de la ville de Genève ; voisins des hérétiques et bientôt envahis par eux, ces beaux pays avoient vu s'éteindre le flambeau de la foi catholique. La résistance la plus édifiante s'opposa pendant long-temps aux progrès de l'erreur, et ce ne fut que par les violences les plus soutenues, et l'oppression la plus assidue, que l'on parvint enfin à la seconde génération d'établir les systèmes de l'hérésie sur les débris de la vérité. Les ministres des autels furent proscrits, les temples dévastés, le culte saint aboli, et cette belle portion du diocèse de Genève fut comme ensevelie pendant soixante ans sous des ruines. Hélas ! ce fut après avoir été arrachés à la domination de leurs princes que nos pères furent malheureux : l'épreuve s'en est renouvelée de nos jours, et une seconde révolution a prouvé comme la première que même en conservant la foi, ce n'est qu'à l'ombre de ce trône que nous trouvons le bonheur.

Rendue enfin à ses véritables maîtres, la province de Chablais put encore espérer de voir renaître pour elle le beau jour de la foi : la première pensée de Charles-Emmanuel, duc de Savoie, fut une pensée de salut pour ces peuples infortunés ; c'étoit peu pour lui de les avoir de nouveau soumis à son autorité, s'il ne les rendoit pas à celle de l'église. Ces vues sans doute étoient bien dignes d'un grand prince, mais comment les réaliser ? Charles-Emmanuel communique son religieux dessein à l'évêque de Genève ; ce vertueux prélat en sentit toute l'importance, mais il en connut bientôt toutes les difficultés. Il conçut un projet de mission, et le proposa à divers ecclésiastiques ; il ne rencontra que des refus ; tous, effrayés des obstacles sans nombre qu'offroit cette entreprise, se contentèrent d'en admirer le motif, mais ils reculèrent devant l'exécution : et, en effet, si on ne la considère que du côté des difficultés, elle dut leur paroître impossible.

Ramener par la pénitence des pécheurs à la vertu, chaque pasteur dans l'église catholique a joui plus d'une fois de cette douce consolation. Faire connoître et servir le vrai Dieu à des peuples entiers qui n'ont jamais ouï parler de son nom, c'est là un prodige sans doute ; mais de tout temps il s'est opéré dans l'église, et depuis le zèle de Paul jusqu'à celui de Xavier, les nations sont entrées en foule dans le bercail de Jésus-Christ. Mais ramener à l'héritage de la foi les contrées qui y ont indignement renoncé, convertir en peu de temps un peuple d'hérétiques, c'est là ce qui ne s'étoit presque jamais vu; et ce prodige si rare, c'est le zèle de François qui va l'opérer. Nouveau Samuel! me voici, va-t-il dire au grand-prêtre; ordonnez, et je porterai des paroles de salut à ce peuple endurci que la grâce forcera de m'écouter. Ses offres sont acceptées, et l'évêque de Genève, plein de confiance dans la miséricorde du Seigneur et le dévouement de François, se détermine à l'envoyer commencer cette œuvre importante.

Mais ici, que d'obstacles l'esprit d'erreur va susciter pour faire manquer une si belle entreprise! tout se ligue encore contre François: on oppose à ses desseins les raisons les plus fortes, et les plus plausibles en apparence: les dangers innombrables d'une pareille mission, l'incertitude du succès, l'impossibilité de recommencer si l'on vient à échouer.... tout est employé pour décourager le saint missionnaire; parents, amis, se réunissent, et environnent François de leurs conseils, de leurs prières, de leurs craintes et de leurs larmes; mais tout cède, tout échoue devant on zèle; François n'a plus d'oreilles que pour écouter la voix de Dieu, il fait taire celle de la nature et de la timidité; et après avoir pris la bénédiction de son évêque, il s'achemine avec Louis de Sales, son compagnon et son cousin, et prend courageusement la route du Chablais.

Brisez vos fers, captifs infortunés; fille de Sion! lève la tête avec confiance; voici ton libérateur! *venit tibi mansuetus.* O que j'aime à contempler cet ange, cet apôtre s'approchant du théâtre de son zèle, et, comme le Dieu qui l'envoie, ne roulant dans son esprit que des pensées de paix, et non d'affliction! ô qu'elle est belle, m'écrierai-je avec Isaïe et saint Paul, qu'elle est belle la démarche de ceux qui viennent nous apporter le bonheur en nous annonçant l'Evangile: *Quam pulchri sunt pedes evangelizantium pacem, evangelizantium bona!*

Mais tandis que je parle, François s'avance, et déjà je le vois sur les frontières du Chablais s'arrêter d'étonnement à la vue de cette terre affligée: je le vois tombant à genoux devant l'Éternel, invoquer les anges protecteurs de cette province, et s'écrier: « Est-il possible, ô mon Dieu! que des contrées aussi belles ren-« ferment un peuple qui méconnoît votre loi? Ah! parlez à son « cœur, et je vais en votre nom faire avec succès retentir vos « oracles à ses oreilles. » François se relève, et ce nouveau conquérant, armé de la croix et brûlant de zèle, va droit à Thonon attaquer le fort armé sur son trône, et livrer à l'hérésie un combat où le sang des hommes sera épargné, mais où le salut des âmes sera le fruit de la victoire.

Quel spectacle, M. F., que celui d'un homme n'ayant pour armes que la croix et sa propre douceur, et se présentant ainsi au milieu d'un peuple de rebelles, qui croiront en l'immolant à leur fureur faire une œuvre agréable à Dieu! François cependant paroît dans la capitale du Chablais : il n'y trouve que sept catholiques, et ce levain sacré, fondé par son zèle, fera bientôt fermenter la foi dans toute la masse qui l'environne. François prêche, et n'est point écouté; il prêche encore, et, poursuivi par les méchants, il se retire pendant la nuit au château des Allinges, pour revenir le lendemain essuyer de nouveaux rebuts et une nouvelle persécution : rien ne l'arrête, il va, il vient, il part et retourne, et sa constance enfin triomphe des refus, et obtient des auditeurs.

Mais ici comment pourrai-je vous le peindre, tantôt aux prises avec les hérétiques, qu'il convertit par sa douceur après les avoir confondus par sa doctrine : tantôt luttant, pour ainsi dire, avec les éléments, exposer sa vie sur les glaces ou sur les eaux, pour se soustraire aux ennemis de son zèle, et épargner un crime à ses persécuteurs : ici, comme Athanase, se cachant sous des ruines avec prudence, pour se reproduire le lendemain avec succès : là, comme Augustin, combattant l'erreur avec force, et par sa modestie faisant chérir la vérité : quelquefois découvrant les conspirations formées contre sa personne, solliciter lui-même le pardon des conspirateurs : d'autres fois tombant dans les embûches, échapper aux poignards, et par sa douceur désarmer les assassins.

Que dirai-je enfin de toutes les ressources employées par sa constance et par son zèle! ces conférences particulières et même publiques, où, après avoir anéanti avec force tous les sophismes des ministres de la réforme, il supporte avec calme toutes leurs injures; ce dévouement dans une peste qui affligeoit la ville de Thonon, où l'on vit sans cesse François au milieu des pestiférés, tandis que les ministres fuyoient pour échapper au fléau : ces courses apostoliques dans les montagnes du Chablais, dont les habitants le repoussèrent d'abord, et eurent le bonheur de ne pouvoir épuiser sa patience, et de devenir ensuite les brebis chéries de ce bon pasteur.

O François! ô l'apôtre de mes pères! combien de fois j'ai visité dans ma patrie ce lieu qui fut arrosé de vos larmes, lors-

2

que, rejeté de toutes les maisons, votre cœur généreux pleura sur notre endurcissement, et plus heureux que le Sauveur, votre modèle, vos larmes attendrirent et sauvèrent cette nouvelle Jérusalem. (1)

Enfin, j'abrége, M. T. C. F.; tout n'est pas dit, mais il seroit impossible de tout dire; arrivons au résultat : les peuples se convertissent en foule, l'erreur se dissipe, l'hérésie disparoît, les temples sont purifiés, les autels se relèvent, et François achève par de saintes solennités d'affermir dans les cœurs la foi qu'il vient d'y rétablir. Les paroisses accourent à Thonon pour participer aux trésors de l'église qui y sont ouverts, et pour y jouir de la présence de leur apôtre. François, pour satisfaire à leur empressement, prêche jusqu'à dix fois dans un jour, et après avoir entièrement et solidement rétabli le règne de Dieu dans ces contrées, ce conquérant modeste, chargé des dépouilles de Satan qu'il vient de détrôner, reprend la route d'Annecy pour déposer au pied des autels et de son évêque les lauriers dont il est couvert : soixante-dix mille âmes converties, voilà ses trophées !

Je vous salue donc, ô l'apôtre de ma patrie; ange visible, envoyé du Seigneur, je vous salue! vous avez conquis les peuples, vaincu le démon, fermé l'abîme : ô que votre triomphe est grand! et cependant il ne coûte pas une goutte de sang à l'humanité : ô que votre victoire est belle! et cependant elle ne coûte pas une larme à la sensibilité : ô que votre couronne est brillante, et cependant elle ne coûte pas un sacrifice aux nations subjuguées : que vous êtes grand! puisqu'il n'y a rien d'humain dans votre élévation : que vous serez béni! puisque personne n'est humilié dans votre conquête : mais aussi que vous serez heureux! puisqu'il n'y aura rien de borné dans votre récompense : mais tandis que la reconnoissance et la foi me font ici admirer vos trophées, combien d'œuvres puissantes dans tout le reste de votre vie réclameroient encore une place dans votre éloge !

C'est à votre piété d'y suppléer, N. T. C. F., car après vous avoir montré François dans son sacerdoce, que seroit-ce si je vous le montrois encore dans son épiscopat? vous verriez Rome et Paris, la France et l'Italie rivaliser d'admiration pour le nou-

(1) Saint François de Sales fut absolument repoussé de la paroisse de Bellevaux, et aucune maison ne lui fut accessible : il versa d'abondantes larmes sur l'endurcissement de ce peuple, et quinze jours après les habitants de Bellevaux descendirent à Thonon, pour demander pardon à leur apôtre, et le conjurer de leur accorder un prêtre catholique.

vel évêque de Genève, pour l'apôtre du Chablais : vous verriez
le vicaire de Jésus-Christ, le fils aîné de l'église, le pieux duc
de Savoie, Clément VIII, Henri IV et Charles-Emmanuel pro-
diguer à François leur estime, l'honorer de leur amitié, et
même le combler de leurs bienfaits, si ses refus n'eussent pas
vaincu leur munificence. Vous verriez le désintéressement de
François s'opposer aux riches pensions qu'on veut lui accorder,
sa modestie refuser les siéges brillants qu'on lui présente, et son
humilité éloigner la pourpre romaine qui lui est offerte. Vous
verriez son zèle profiter de toutes les occasions pour combattre
le vice, inspirer la vertu, et gagner les âmes au Seigneur. Vous
verriez les hérétiques les plus fameux de son temps, ou renoncer
à leurs erreurs après l'avoir entendu, ou du moins être forcés
de rendre témoignage à la vérité qu'il leur prouvoit avec tant
d'évidence. Vous verriez le baron d'Avully, la comtesse de Per-
drieuville, le duc de Lesdiguières, abandonner leur parti, dont
ils étoient le soutien, et rentrer dans le sein de l'église, dont ils
furent la consolation.

O zèle de François! vos succès furent infinis, mais vos travaux furent immenses, et je n'ai pu en dire qu'une foible partie:
je n'ai point parlé de ces visites pastorales, si pénibles et si fré-
quentes dans un vaste diocèse, dont chaque paroisse se glorifie
d'avoir eu plusieurs fois le bonheur de vous posséder. Je n'ai
rien dit de ces calomnies atroces, que vous supportiez avec bien
moins de peine que les éloges que vous attiroient vos vertus. Je
n'ai point rappelé ces aumônes abondantes, et je dirois volon-
tiers miraculeuses, par lesquelles vous subveniez aux besoins de
l'indigence avec un revenu qui suffisoit à peine aux vôtres.
Enfin, j'ai passé sous silence tant de voyages édifiants qui ont
laissé dans les premières villes de France des impressions de
piété et de religion, que le temps et nos malheurs n'ont point
encore effacées.

Mais me pardonneroit-on si je ne disois rien de ces ouvrages
admirables, dont le feu de la charité semble avoir tracé et enflammé toutes les paroles : ce Traité sublime de l'Amour de Dieu,
cette Introduction à la vie dévote, ces Lettres si touchantes où
le cœur de François paroît se communiquer tout entier au cœur
auquel il s'adresse? Mais, après tout, qu'est-il nécessaire que je
m'étende ici sur ces œuvres presque divines? lisez-les, M. F.,
et elles n'auront plus besoin de mes éloges.

Enfin, j'arrive à cette œuvre si digne de François, et qui
semble depuis deux siècles répandre sur tous les points de l'uni-
vers catholique le doux parfum des plus pures et des plus

aimables vertus : je veux parler de cet établissement qui a propagé l'esprit de saint François de Sales, et qui a doublement conservé son cœur (1); de cette institution admirable qui, par les maximes les plus douces, apprend à faire naître des actions ordinaires de la vie, le mérite de la plus sublime perfection : de cet ordre religieux enfin qui, toujours fidèle aux saintes règles de son pieux instituteur, reparoît aujourd'hui dans la société chrétienne avec ce mérite nouveau que les épreuves donnent à la vertu.

Oui c'est vous, filles de saint François de Sales toujours plus dignes d'un tel père, c'est vous dont l'institut est le chef-d'œuvre de sa piété, de sa sagesse et de sa douceur; c'est vous qui, semblables aux anges qui gardoient le sépulcre de Jésus-Christ, veillerez assidûment autour de votre saint fondateur : vos mains pures couvriront chaque jour de fleurs nouvelles sa dépouille vénérée, vos cœurs l'environneront comme des lampes ardentes, le feu sacré ne s'y éteindra jamais, et l'encens de vos prières ne cessera de brûler sur ses autels.

Conservez donc, ô filles de saint François de Sales, le dépôt précieux qui vous est rendu; l'église vous le confie de nouveau, le ciel vous le redemandera au jour de la résurrection, mais en attendant, qu'il soit pour vous comme l'arche sainte auprès de laquelle vous viendrez consulter le Seigneur et entendre ses oracles. Oui, c'est devant cette sainte relique, c'est au pied de cette châsse, que vous viendrez pendant la courte durée de cette vie qui nous échappe, goûter quelques instants de bonheur : c'est là, où vos âmes échauffées par la grâce, l'espérance et les souvenirs pousseront des soupirs d'amour vers les tabernacles éternels. O que de bénédictions vos vœux attireront sur la terre à l'ombre de ce sanctuaire protecteur ! ah, mes chères sœurs, souvenez-vous-y des besoins de l'église, des besoins de l'Etat; souvenez-vous-y du pilote vénérable qui conduit aujourd'hui avec tant de zèle et de sagesse la barque de saint Pierre, que lui a confiée Jésus-Christ : souvenez-vous-y de tous les prélats qui gouvernent les peuples sous sa direction, et parmi lesquels la reconnoissance signalera celui qui vous a réunies dans cet asile de la paix et de la ferveur : souvenez-vous-y sans cesse de l'auguste et royale famille à qui depuis tant de siècles notre patrie

(1) On sait que le cœur de saint François de Sales se conservoit au couvent de la Visitation de Lyon, et qu'il se conserve aujourd'hui dans celui de Venise, où il a été porté par les religieuses de cette première ville à l'époque de la révolution.

est redevable de son bonheur : ce n'est qu'au pied des autels que nos cœurs peuvent acquitter cette honorable dette, parce qu'il n'y a que le ciel qui puisse payer tant de bienfaits : que les doux noms de *Charles-Félix* et *Marie-Christine* se mêlent donc constamment à vos vœux, et qu'ils soient toujours aussi présents à votre ferveur qu'ils le sont à notre amour !

Mais ensuite ne vous oubliez pas vous-mêmes, mes très chères sœurs, et demandez à votre saint fondateur que cette maison soit jusqu'à la fin le modèle de toutes les autres, que la piété, que la régularité, la simplicité, que la cordialité, y règnent à jamais, et que ce tombeau déjà si glorieux à tant de titres, le soit surtout par les vertus de celles qui l'entourent ! *et erit sepulchrum ejus gloriosum.*

Enfin, dans ce beau jour ma confiance et mes besoins ne me donnent-ils pas, ô grand saint ! le droit de vous adresser en particulier mon humble prière ? hélas ! comme vous j'ai parmi mes ouailles des brebis égarées ; elles sont jour et nuit le sujet de ma douleur, de mes vœux, de mon amour !... O vous qui en avez tant ramené au sein de l'unité catholique et de la seule religion véritable, aimable modèle des bons pasteurs, prenez compassion de mes peines, rendez-moi participant du zèle qui vous enflammoit, et faites-moi partager vos succès ! vous fûtes l'apôtre de mes pères, obtenez que je devienne celui de mes enfants ! si vous m'exaucez, je viendrai un jour consacrer au pied de ces mêmes autels les trophées de la victoire que je devrai à votre protection : ces nobles palmes ombrageront aussi votre sépulcre ; elles n'en seront pas l'ornement le moins digne, et il en sera toujours plus glorieux ! *et erit sepulchrum ejus gloriosum :* ainsi soit-il !

# SAINT FRANÇOIS DE SALES

## CONSIDÉRÉ

## COMME ÉCRIVAIN.

NOTICE LUE DANS LA SÉANCE DU 25 AOUT 1826, ET TIRÉE DU
ONZIÈME VOLUME DES MÉMOIRES DE LA SOCIÉTÉ ACADÉMIQUE DE
SAVOIE ; PAR M. G.-M. RAYMOND, SECRÉTAIRE PERPÉTUEL DE
LADITE SOCIÉTÉ.

*Vir bonus dicendi peritus.*

TOUTE la chrétienté a décerné dès long-temps un tribut una-
nime d'admiration aux vertus éminentes du saint évêque de
Genève, à cette douceur inaltérable, à cet art merveilleux de
s'insinuer dans les cœurs, à cette *industrie*, pour parler le langage du temps, et à cette rare sagesse avec laquelle il savoit
conduire les affaires les plus difficiles. Des juges compétents ont
de même apprécié depuis long-temps en lui le théologien, le
controversiste et le maître habile à diriger les âmes chrétiennes
dans la vie spirituelle et dans les voies de la perfection. Un nouvel et éclatant hommage vient d'être rendu à sa personne et à ses
vertus héroïques, à l'occasion de la translation solennelle de ses
reliques, par notre vénérable M<sup>gr</sup> Rey, évêque de Pignerol, dans
un discours de la plus noble et de la plus touchante éloquence,
prononcé devant un illustre auditoire rassemblé dans la nouvelle
église du premier Monastère de la Visitation d'Annecy. (1)

Nous nous proposons de considérer ici l'évêque de Genève
sous un point de vue différent, sous celui qui est le plus analogue à la nature des recherches, des observations et des travaux
de notre Société. En nous occupant des écrits de saint François
de Sales, nous les envisagerons sous le rapport purement littéraire. Ce sujet, Messieurs, nous a paru digne de votre attention,
et nous ne pourrons que vous intéresser vivement, si nous par-
venons à marquer le rang de l'évêque de Genève parmi les écrivains de son siècle.

Si l'on croyoit trouver quelque témérité de notre part à récla-

_____

(1) En présence de LL. MM. le Roi et la Reine de Sardaigne, de M<sup>gr</sup> l'ar-
chevêque de Paris, de neuf autres prélats, d'environ six cents ecclésiastiques et d'un grand nombre de personnages d'une haute distinction
(le 21 août 1826).

mer, pour des écrivains de notre pays, une place honorable
parmi les hommes de lettres de l'une des nations les plus éclairées
de l'Europe, nous pourrions peut-être justifier ce louable désir
en montrant que nos compatriotes, sensibles aux véritables
beautés de la littérature et des arts, ne sont pas restés totale-
ment étrangers aux progrès des lettres françaises, au mérite desquelles ils ont toujours sincèrement applaudi, et que parfois ils
ont eu quelque part aux rayons de cette gloire émanée du centre
de la civilisation et du goût. Sans nous arrêter aux sciences naturelles et aux arts les plus utiles à la société, qui citent plusieurs
de leurs noms avec quelque honneur, et pour nous en tenir à la
littérature proprement dite, nous pourrions rappeler, comme
nous l'avons fait ailleurs, que Guillaume Fichet, recteur de
l'Université de Paris en 1467, introducteur de l'imprimerie dans
la capitale de France, publia une Rhétorique dont le style a été
considéré comme supérieur à son siècle, et qui, selon Naudé,
fut le premier livre qui, après une longue barbarie, répandit en
France le goût des bonnes lettres ; que Claude de Seyssel-d'Aix
fut, selon La Monnoye, le premier auteur qui ait commencé à
écrire le françois avec quelque netteté ; que Vaugelas, né à
Chambéry, puisa dans l'*Académie Florimontane*, fondée à Annecy, en 1607, par saint François de Sales et le célèbre président Favre, les premiers germes de ces connoissances raisonnées
sur la langue, qu'il développa plus tard avec tant d'éclat au sein
de l'Académie françoise ; que l'abbé de Saint-Réal est honorablement compté parmi les historiens modernes ; que le cardinal
Gerdil a été regardé par J.-J. Rousseau comme le plus redou-
table de ses adversaires ; que le marquis de Costa de Beaure-
gard, auteur de plusieurs écrits très estimés, remporta dans sa
jeunesse, à l'Académie de Besançon, une palme honorable au
sujet de l'intéressante question de l'influence de l'éducation des
femmes sur l'amélioration des qualités morales de l'homme ; que
plusieurs de nos ecclésiastiques se sont distingués soit en Italie,
soit à Paris et dans les principales villes de France, par leurs
talents oratoires, tels que Pierre Chevrier, Eustache Chapuis,
conseiller d'État de Charles-Quint, Pierre Fenolliet, évêque de
Montpellier, l'abbé de La Perrouse, le P. Fulgence, le P. Ram-
bert, l'abbé Roissard, les PP. Garnier et Girard, Mgr de
Maistre, évêque d'Aoste, etc. ; enfin nous terminerions cette
liste par le nom de l'illustre auteur des *Considérations sur la
France* et des *Soirées de Saint-Pétersbourg*, et par celui du
spirituel et sensible auteur du *Voyage autour de ma chambre* et
de *la Jeune Sibérienne*.

Notre Notice sera de la plus grande simplicité; quand ce ton ne nous seroit pas commandé par notre insuffisance, la nature du sujet nous en feroit un devoir : la mémoire du modeste et humble prélat s'offenseroit de tout langage qui ne seroit pas en harmonie avec la candeur de son âme et avec son aversion pour la recherche et l'appareil.

Pour juger saint François de Sales comme écrivain avec toute l'équité qu'il est nécessaire d'apporter dans un examen de ce genre, il est deux conditions essentielles qu'il importe de ne point perdre de vue. L'une est ce principe général de justice, que, pour estimer le vrai mérite propre à des travaux d'un ordre quelconque, il faut se placer dans le siècle auquel ils appartiennent, étudier l'esprit et le ton dominant de ce siècle, mesurer l'influence inévitable des circonstances au sein desquelles les hommes ont dû penser et agir, apprécier le concours de tous les éléments qui ont dû exercer leur action sur les facultés de l'homme, consulter le degré d'instruction, l'état des lumières, la nature du goût et le genre de connoissances propres à l'époque dont il s'agit, enfin, tenir compte à la fois des temps et des lieux, et ne rien exiger au-delà de ce que comporte la sphère des rapports dans laquelle on doit circonscrire ses jugements.

L'autre remarque que nous avons à faire est particulièrement relative au saint prélat. Lorsqu'un homme qui écrit aspire au mérite littéraire qui doit donner du prix à son travail et dont il attend quelque gloire, on peut présumer avec raison qu'il ne néglige aucune des ressources dont il peut disposer, qu'il tâche de tirer le plus grand parti des talents dont la nature l'a favorisé, des fruits qu'il a pu recueillir de la culture de son esprit, des connoissances et des lumières qu'il a pu acquérir par ses études, en un mot, qu'il use de tous ses moyens pour atteindre au but qu'il se propose. Dès-lors on peut croire que son ouvrage donne la mesure de ses forces, et rien n'autorise à le juger supérieur à ses écrits. Mais, pour celui qui uniquement occupé de son sujet, dont il est fortement pénétré, s'y abandonne sans recherche et sans effort, qui, loin de prétendre à la gloire littéraire, la dédaigneroit et iroit jusqu'à la redouter comme un dangereux écueil, si elle pouvoit se présenter un instant à sa pensée, qui ne répand sur ses écrits qu'à son insu les grâces naturelles qui naissent de l'ingénue simplicité de son âme, les trésors qui jaillissent d'un esprit richement orné qui s'ignore lui-même, on peut entrevoir ce qu'auroit pu être un tel homme, s'il avoit connu et développé toutes ses forces; il est permis de lui assigner le rang auquel il se seroit élevé, s'il avoit usé sciemment de tous ses avantages, et de montrer la place dont sa modestie seule, disons mieux, dont son humilité évangélique l'a tenu éloigné. Or, tel a été le pieux et touchant auteur de l'*Introduction à la vie dévote*, du *Traité de l'Amour de Dieu*, et de ces lettres admirables où François de Sales a déployé son âme tout entière et tous les charmes de son esprit.

Commençons par jeter un coup d'œil sur l'état dans lequel se trouvoit la langue française au temps où écrivoit l'évêque de Genève.

Le nom de Malherbe (1), dit Laharpe, rappelle la seconde époque de cette langue. Peut-être le Quintilien françois auroit-il dû borner cette remarque à la poésie; car, pour la langue en général, on peut dire qu'Amyot et Montaigne ont marqué une époque intermédiaire entre Marot et Malherbe. Marot dans la poésie, et Rabelais dans la prose, avoient imprimé à la langue françoise un caractère de badinage et de bouffonnerie, analogue au ton jovial de la cour de François Ier, qui avoit contribué à tourner les esprits à la plaisanterie. La langue, comme nous l'avons remarqué dans une occasion analogue à celle-ci (2), conserva long-temps ce caractère, qui s'opposa pendant plus d'un siècle à l'introduction de quelque dignité dans les expressions et de quelque noblesse dans le style. Cette heureuse innovation fut commencée par Amyot, qui sut, autant que pouvoit le permettre alors l'état de la langue telle que la lui avoient léguée ses devanciers, qui sut, disons-nous, lui donner un ton de gravité analogue aux personnages historiques dont il traduisoit les vies, et aux sujets de morale traités par le philosophe de Chéronée.

Amyot, qui avoit créé un style nouveau admiré par Vaugelas et honoré du suffrage du grand Racine, Amyot eut peu d'imitateurs. On sait ce qu'il faut penser de Ronsard, ce prétendu continuateur de Marot, qui fut l'objet des éloges les plus outrés, dont la fortune littéraire fut si éclatante, de Ronsard, *trébuché de si haut*, qui,

> .................. Par une autre méthode,
> Réglant tout, brouilla tout, fit un art à sa mode;
> Dont la muse *en françois parloit grec et latin*,
> Et toutefois long-temps eut un heureux destin.

Ronsard, par son jargon inintelligible, et par son néologisme affecté, corrompit la langue, et son exemple la fit rétrograder vers une nouvelle espèce de barbarie.

(1) L'éditeur a donné une très belle édition des OEuvres de ce poète, 2 vol. in-8°, avec figures.
(2) *Eloge de Blaise Pascal*, couronné par l'Académie des Jeux Floraux.

Montaigne, quoique *latinisé* dès l'enfance, selon son expression, et n'ayant appris la langue françoise que par·une étude spéciale, Montaigne donna à cette langue une force inconnue jusques-là, et y rappela en même temps le naturel, la naïveté et une partie des grâces qu'on lui avoit fait perdre. Il en retarda peut-être le génie, par la teinte de latinisme qu'il ne pouvoit manquer de répandre sur ses expressions et sur la construction de ses périodes.

Le goût le plus faux avoit envahi la littérature françoise : un abus démesuré d'érudition sacrée et profane, de puérils jeux de mots, des hyperboles ridicules, un torrent de figures et de métaphores de toute espèce, inondoient tous les écrits. C'est alors que, selon la remarque de Voltaire souvent rappelée, on citoit Virgile et Ovide dans la chaire évangélique, tandis qu'au barreau l'on s'appuyoit sur l'autorité des Pères et des docteurs de l'Église. Tel étoit l'art d'écrire en françois, lorsque saint François de Sales publia ses premiers ouvrages.

*Malherbe* étoit *enfin venu; mais le purisme sévère de *ce tyran des mots et des syllabes* (1) n'avoit encore exercé aucune influence. Malherbe, antérieur seulement de douze ans à l'évêque de Genève, avoit cédé d'abord lui-même à l'esprit de son siècle, puisqu'il désavoua plus tard le premier de ses écrits. D'ailleurs on a remarqué avec raison que sa prose fut toujours de beaucoup inférieure à ses vers, comme on peut même le dire plus ou moins de la plupart des grands poètes du siècle de Louis XIV. On ne doit pas s'en étonner, si l'on considère que la poésie est la première branche de littérature qui ait fleuri chez toutes les nations, que partout les bons poètes ont précédé les bons prosateurs, et que c'est en effet dans les pénibles exercices de la versification que les langues reçoivent l'harmonie, la richesse des images, la variété des expressions et des tours, et cette heureuse souplesse qui les rend propres à peindre tous les objets, à exprimer toutes les nuances de la pensée et du sentiment.

Il faut bien que l'empire du mauvais goût dont nous venons de parler ait exercé une grande puissance, puisqu'on en trouve encore des exemples si nombreux et si frappants dans les écrivains postérieurs qui ont été cités les premiers avec honneur comme modèles d'un style plus épuré : tels furent Balzac et Voiture.

Le premier est en effet d'une correction remarquable dans les discours qui composent ses *OEuvres diverses;* on y trouve d'heureux exemples d'euphonie, du nombre dans les périodes,

(1) C'est ainsi qu'on appeloit Malherbe.

de l'esprit et de l'agrément dans les détails, des comparaisons bien choisies, de l'intérêt dans des choses de peu d'importance. Mais ses *Lettres* sont empreintes de recherche et d'apprêt, elles offrent une bigarrure d'érudition appliquée sans mesure à des riens. Quant à Voiture, il n'est pas sans quelques grâces réelles, et il rencontre souvent la bonne plaisanterie; mais on est rebuté par des métaphores qui ne finissent pas, par des madrigaux continuels, par cette multitude d'épigrammes, d'antithèses, de pointes, de similitudes forcées, de citations déplacées, de toutes ces richesses de faux aloi qui étoient reçues alors avec tant d'applaudissements.

Il est remarquable que ces deux écrivains, par un abus outré du bel esprit, aient cherché à introduire dans le genre épistolaire la manière, le style et l'espèce d'ornements qui lui conviennent le moins. Il est juste toutefois d'avouer que, dans une partie de leurs écrits, ils étoient parvenus à élever la prose françoise à un certain ton de noblesse qui lui avoit manqué jusqu'alors; cette révolution ne devoit s'achever que plus tard, mais ils la préparèrent. Elle ne pouvoit se faire subitement : la langue françoise, en perdant son ancienne naïveté, son allure libre et franche, ses aimables licences, ne reçut d'abord en échange que des grâces étudiées, des tours péniblement ingénieux, des mouvements guindés, imprimés avec effort, l'enflure et l'afféterie. Cette transition étoit naturelle, et il ne faut pas trop la reprocher à des écrivains qui ont rendu à leur langue un service qu'elle ne sauroit méconnoître sans ingratitude.

Saint François de Sales a paru trente ans avant les deux hommes de lettres dont nous venons de nous occuper. Si nous rapprochons ses ouvrages des écrits de ses contemporains, nous verrons qu'il réunit au plus haut degré tout le naturel et tout le charme dont la langue de son temps étoit susceptible, en évitant la plupart des défauts que nous avons indiqués. Tout homme est au-dessus de son siècle, qui s'affranchit des travers les plus en vogue autour de lui et à l'empire desquels il voit tous les esprits se soumettre; qui, sans guide et sans modèle, mais obéissant à un instinct secret, à un sentiment exquis des convenances, démêle les traits du juste et du vrai au travers des nuages répandus par le mauvais goût et l'engouement universel, et arrive par ses propres forces à un horizon plus élevé et dans une région plus pure.

On concevra facilement tout ce que François de Sales dut à son propre génie, si on le considère venant à la suite d'écrivains qui n'avoient presque tous que des défauts à lui offrir, si l'on envisage d'ailleurs l'état d'imperfection de la langue dont il étoit obligé de se servir, et que l'on compare sa situation à celle des auteurs de nos jours, environnés de modèles si nombreux et de caractères si variés, tels que les Pascal, les Bourdaloue, les Bossuet, les Fénelon, les Massillon, les Fléchier, les d'Aguesseau, les Buffon, les Montesquieu, les J.-J. Rousseau, les Voltaire, les Bailly, etc., écrivains illustres, qui durent aussi beaucoup à leur génie, mais qui eurent l'avantage de trouver la langue de plus en plus avancée dans ses progrès.

François de Sales avoit fait ses premières études dans les colléges de La Roche et d'Annecy; il les continua à Paris sous de bons maîtres, dans un collége de jésuites, où, après ses cours de rhétorique et de philosophie, il s'adonna à l'étude du grec et de l'hébreu. Il fut ensuite envoyé à Padoue pour faire un cours de droit. Là il réunit à l'étude de la jurisprudence celle de la théologie, sous le célèbre P. Possevin, l'un des plus savants hommes de son temps. Quelque bonnes études scolastiques que puisse faire un sujet heureusement favorisé de la nature, ce ne sont pas les travaux de collége qui font l'homme de lettres; ces exercices bien dirigés peuvent jeter d'utiles fondements, ils peuvent fournir des méthodes sages qui mettent dans la bonne voie; mais il faut y joindre plus tard une étude plus longue et approfondie des grands maîtres, dans un âge où le jugement plus développé et plus mûr est mieux en état d'en apprécier les beautés. Ajoutons que l'homme le mieux nourri de l'étude des anciens peut encore être un fort mauvais écrivain dans sa propre langue. Pour parvenir à s'y distinguer honorablement, ne sera-t-il pas naturellement porté à marcher sur les traces des hommes dont les écrits jouissent de la faveur publique, dont les noms sont proclamés avec gloire par toutes les bouches de la renommée?

Saint François de Sales, qui veut écrire pour le public, a-t-il une autre route à suivre que celle qui se présente naturellement devant lui? Va-t-il donc consulter quel est le genre de style et d'ornements qui est en honneur parmi ses contemporains? Va-t-il étudier par quels artifices de langage il pourra comme eux captiver l'attention de ses lecteurs et arriver au même degré de renommée? Eh! Messieurs, François de Sales aspire-t-il donc à la gloire littéraire, lui qui appréhende plus les honneurs que la mort, et qui fuit avec tant de soin les applaudissements des hommes; lui qui réprouve sévèrement l'emploi de tout ornement étranger à la parole de Dieu; lui qui blâme sans ménagement le plus cher de ses amis, le savant évêque de Belley, pour avoir obtenu les suffrages universels du public par les fleurs répandues

dans ses sermons? Des vues plus élevées l'occupent tout entier :
le désir de convertir des âmes à Dieu, l'amour divin qui brûle
dans son cœur, une ardente charité envers le prochain, voilà
les uniques mobiles de toutes ses actions et de tous ses travaux,
voilà quels furent les sentiments et les soins qui remplirent
toute sa vie.

Si François de Sales a dédaigné les agréments du discours, s'il
a été si éloigné d'ambitionner cette gloire qui ne s'achète ordinairement que par les plus grands et les plus longs efforts, s'il
n'a point cherché autour de lui des modèles, qui d'ailleurs mar-
choient dans une fausse route, où donc a-t-il appris l'art de
plaire et de toucher? Par quel prestige inconnu a-t-il conquis
tous les suffrages? D'où lui sont venus ce charme particulier
dans les expressions, cette aimable simplicité, ces grâces naïves,
cette onction entraînante, cet intérêt puissant qui maîtrise l'âme
de ses lecteurs! C'est de son cœur, qui étoit tout amour, que
couloient, comme une source pure et limpide, ces paroles si
douces et si persuasives, ces exhortations si touchantes, ces conseils si sages et si justes. Un esprit nourri dans les sciences de
son temps, une grande justesse de jugement, une imagination
féconde, une connoissance parfaite du cœur humain, un sentiment délicat des bienséances, voilà quels furent les auxiliaires
du zèle pieux et infatigable qui lui dicta tous ses écrits et tous
ses discours. On ne peut disconvenir que les uns et les autres
n'aient rempli leur objet, qui est, dans un genre quelconque,
l'unique but de toutes les règles de l'art d'écrire. Sans parler de
ses succès envers les chrétiens égarés qu'il a ramenés en si grand
nombre dans le sein de l'Église, combien de fois n'a-t-on pas vu
des gens du monde, auparavant étrangers à tout sentiment religieux, avouer que saint François de Sales avoit pu seul réussir
à les réconcilier avec la dévotion, à leur inspirer le goût des
exercices de piété, et qu'ils étoient redevables de leur heureux
changement à cette douce éloquence, à cette onction céleste, qui
respirent sous sa plume! Et cependant, qui eut jamais moins
de prétention à la qualité de bon écrivain? (1)

(1) Voici ce qu'il dit lui-même dans sa préface de *Traité de l'Amour de
Dieu* :

« En cette variété d'affaires, que ma condition me donne incessamment,
j'ai toujours de petits projets de quelque traité de piété, que je regarde
quand je puis, pour alléger et délasser mon esprit. Mais je ne fais pas pourtant profession d'être écrivain : car la pesanteur de mon esprit, et la condition de ma vie exposée au service et à l'abord de plusieurs, ne le me sau-
roient permettre. Pour cela j'ai donc fort peu écrit, et beaucoup moins mis
en lumière, et pour suivre le conseil et la volonté de mes amis, je te dirai

Le caractère particulier qui distingue ses productions de celles des auteurs ses contemporains, est, comme nous l'avons déjà dit, d'avoir su conserver toute la naïveté et toutes les grâces de l'ancien langage, et s'abstenir des traits du mauvais goût qui a même régné long-temps encore après lui. Nous ne prétendons point qu'il n'ait jamais payé le tribut à l'esprit de son siècle, qu'il soit exempt de taches réelles. Dans l'intérêt de la vérité, nous devons convenir qu'il emploie souvent ces jeux de mots si fréquens dans les auteurs de son temps, et quelquefois des expressions communes qui nous semblent manquer d'une certaine dignité. Mais il faut prendre garde qu'en jugeant les écrits de cet âge d'après nos idées de bienséance, on pourroit quelquefois se tromper, faute de connoître le sens réel que l'on y attachoit alors, et que telle expression qui aujourd'hui nous paroît ignoble, pouvoit bien n'avoir pas ce caractère pour les contemporains. On sait combien Molière nous présente d'exemples de ce genre dans des pièces jouées à une assez belle époque de la littérature françoise, et devant la cour la plus polie de l'Europe, qui ne se connoissoit pas bien mal en fait de bienséance et de dignité. Quant aux expressions et aux figures qui nous paroissent précieuses, et qui le seroient en effet aujourd'hui, si elles se rencontrent assez fréquemment dans les écrits de l'évêque de Genève, il y auroit quelque injustice à lui en faire un reproche : ces manières de parler étoient tellement usitées, qu'elles formoient le langage naturel de tout le monde, et qu'un écrivain, pour se faire entendre, étoit bien obligé d'employer la langue reçue.

Nous avons dit que les auteurs du temps poussoient l'abus de l'érudition au-delà de toutes les bornes, non seulement par la profusion la plus étrange des citations, mais sans aucun égard aux convenances. François de Sales, entraîné jusqu'à un certain point par le pouvoir de l'exemple, n'oublie du moins jamais la sainteté de son ministère : il n'introduit que des citations prises

( il s'adresse au lecteur ) que c'est afin que tu n'attribues pas la louange du travail d'autrui à celui qui n'en mérite point du sien propre.

. . . . . . . . . . . . . . . . . . . . . . . . . . . . . . . . . . . . . . . . . . . . . .

« Or, depuis peu on a réimprimé cette Défense (Défense de l'*Étendard de la Croix*) sous le titre prodigieux de *la Panthalogie, ou Trésor de la Croix,* titre auquel jamais je ne pensai, comme, en vérité, aussi ne suis-je pas homme d'étude, ni de loisir, ni de mémoire, pour pouvoir assembler tant de pièces de prix en un livre, qu'il puisse porter le titre de *Trésor,* ni de *Panthalogie,* et ces frontispices insolents me sont en horreur.

« L'architecte est un sot, qui, privé de raison,
« Fait le portail plus grand que toute la maison. »

( 32 )

dans son sujet; et s'il lui arrive de recourir à quelque trait profane, ce qui est fort rare, il a soin de le préparer et de l'accom-
moder à la matière qu'il traite, par d'ingénieuses précautions
qui font disparoître toute inconvenance, marque certaine d'un
tact délicat et d'un excellent esprit.

Comme les autres écrivains de son âge, il abonde en comparaisons; mais on est presque toujours frappé de leur choix judi-
cieux, de la justesse de leur application, et de l'ingénieux pa-
rallèle qu'il poursuit jusques dans les détails. En voici un exemple
tiré d'une lettre à madame de Chantal (du 5 décembre 1608):

« Je considérois l'autre jour ce que quelques auteurs disent
« des alcyons, petits oiselets qui pondent sur la rade de mer.
« C'est qu'ils font des nids tout ronds, et si bien pressés, que
« l'eau de la mer ne peut nullement les pénétrer, et seulement
« au-dessus il y a un petit trou par lequel ils peuvent respirer et
« aspirer. Là-dedans ils logent leurs petits, afin que la mer les
« surprenant, ils puissent nager en assurance, et flotter sur les
« vagues sans se remplir ni submerger : et l'air qui se prend par
« le petit trou sert de contrepoids, et balance tellement ces petits
« pelotons et ces petites barquettes, que jamais elles ne renver-
« sent. O ma fille! que je souhaite que nos cœurs soient comme
« cela, bien pressés, bien calfeutrés de toutes parts : afin que si
« les tourmentes et tempêtes du monde les saisissent, elles ne les
« pénètrent pourtant point; et qu'il n'y ait aucune ouverture
« que du côté du ciel, pour respirer et aspirer à notre Sauveur.
« . . . . . . . . . . . . . . . Mais pendant que les alcyons
« bâtissent leurs nids, et que leurs petits sont encore tendres
« pour supporter l'effort des secousses des vagues, hélas! Dieu
« en a le soin, et leur est pitoyable, empêchant la mer de les
« enlever et saisir. O Dieu! ma chère fille, et donc cette souve-
« raine bonté assurera le nid de notre cœur pour son saint
« amour contre les assauts du monde, où il nous garantira d'être
« assaillis. Ah! que j'aime ces oiseaux qui sont environnés
« d'eau, et ne vivent que de l'air; qui se cachent en mer et ne
« voient que le ciel! Ils nagent comme poissons, et chantent
« comme oiseaux; et ce qui plus me plaît, c'est que l'ancre est
« jetée du côté d'en-haut, et non du côté d'en-bas, pour les
« affermir contre les vagues. O ma sœur, ma fille, le doux Jésus
« veuille nous rendre tels, qu'environnés du monde et de la
« chair, nous vivions de l'esprit; que parmi les vanités de la
« terre, nous visions toujours au ciel; que vivant avec les
« hommes, nous le louions avec les anges, et que l'affermisse-
« ment de nos espérances soit toujours en haut et au Paradis. »

Dans les comparaisons que notre saint tire quelquefois des sciences ou de l'histoire naturelle, il ne seroit pas raisonnable d'y reprendre ce que l'on peut trouver aujourd'hui d'inexact, en raison des progrès que l'observation et l'étude de la nature ont fait faire depuis lors; mais il faut se reporter au temps où vivoit l'auteur, et ne pas exiger autre chose que ce que lui présentoit l'état des connoissances, vraies ou censées telles à cette époque.

Voici un autre passage tiré d'une lettre à M. Frémiot, père de madame de Chantal (du 7 octobre 1604).

« Monsieur, je sais que vous avez fait une longue et hono-
« rable vie, et toujours très constante en la sainte Église catho-
« lique; mais au bout de là, ç'a été au monde et au maniement
« des affaires. Chose étrange, mais que l'expérience et les au-
« teurs témoignent : un cheval, pour brave et fort qu'il soit,
« cheminant sur les passées et allures du loup, s'engourdit et
« perd le pas. *Il n'est pas possible* que, vivant au monde, quoi-
« que nous ne le touchions que des pieds, *nous ne soyons em-*
« *brouillés de sa poussière* (1). Nos anciens pères, Abraham et
« les autres, présentoient ordinairement à leurs hôtes le lave-
« ment des pieds : je pense, Monsieur, que la première chose
« qu'il faut faire, c'est de laver les affections de notre âme, pour
« recevoir l'hospitalité de notre bon Dieu en son Paradis. . . .
« . . . . . . . . . . . . . . . . . . . . . . Il faut tout à l'aise dire
« ses adieux au monde, et retirer petit à petit ses affections des
« créatures. Les arbres que le vent arrache ne sont pas propres
« pour être transplantés, parce qu'ils laissent leurs racines en
« terre; mais qui les veut porter en une autre terre, il faut que
« dextrement il désengage petit à petit toutes les racines l'une
« après l'autre; et puisque de cette terre misérable nous devons
« être transplantés en celle des vivants, il faut retirer et désenga-
« ger nos affections l'une après l'autre de ce monde : je ne dis
« pas qu'il faille rudement rompre toutes les alliances que nous
« y avons contractées (il faudroit à l'aventure des efforts pour
« cela), mais il les faut découdre et dénouer. » (2)

(1) *Necesse est de humano pulvere etiam religiosa corda sordescere,* saint Léon.

(2) Nous rapporterons ici quelques unes des comparaisons de saint François de Sales.

« S'abstenir du mal est quelque autre chose que faire du bien : c'est comme le plan sur lequel reste à élever l'édifice. »

« C'est une espèce d'impiété de déchirer la réputation des morts, et faire comme ces bêtes féroces qui déterrent les corps pour les dévorer. »

Au sujet des trop longs discours, il s'exprimoit ainsi : « Croyez-moi, c'est

3

Nous citerons encore la lettre suivante à madame de Chantal (du mois de novembre 1609), où l'on trouve un précepte évangélique aussi heureusement exprimé qu'il est sagement appliqué :

« Votre Anne-Jacqueline me contente toujours plus. La der-« nière fois qu'elle se confessa, elle me demanda licence, pour « se préparer et accoutumer (dit-elle) à être religieuse, de jeû-« ner au pain et à l'eau les Avents, et d'aller nu-pieds tout l'hi-« ver. O ma fille, il faut vous dire ce que je lui répondis ; car je « l'estime aussi bon pour la maîtresse que pour la servante ; que « je désirois que les filles de notre congrégation eussent les pieds « bien chaussés, mais le cœur bien déchaussé et bien nu des af-« fections terrestres ; qu'elles eussent la tête bien couverte, et « l'esprit bien découvert, par une parfaite simplicité et dépouil-« lement de sa propre volonté. »

Pour compléter ce que nous aurions à dire sur les écrits de saint François de Sales, nous ne saurions mieux faire que de consigner ici le jugement qui a été porté sur ses œuvres en gé-

par expérience, et longue expérience, que je vous dis ceci : Plus vous direz, et moins on retiendra ; moins vous direz, plus on profitera. A force de charger la mémoire des auditeurs on démolit, comme on éteint les lampes quand on y met trop d'huile, et on suffoque les plantes en les arrosant démesurément. »

Il appeloit la pureté du cœur, la belle et blanche vertu de l'âme. Il re-commandoit d'éviter avec le plus grand soin tout ce qui pouvoit y porter la plus légère atteinte, et il faisoit là-dessus cette comparaison : « Pour douce, claire et polie que soit la glace d'un miroir, il ne faut que la moindre haleine pour la rendre si terne, qu'elle ne sera plus capable de former au-cune représentation. »

En invitant l'évêque de Belley à veiller sur la conduite des curés et des chefs de famille, de qui procèdent, disoit-il, tout le bien ou tout le mal qui se trouvent dans les paroisses ou dans les maisons, il ajoutoit : « Quand un enfant à la mamelle se trouve mal, vous savez que le médecin ordonne une médecine à la nourrice, afin que la vertu en passe dans le lait, et par le lait à l'enfant. »

Il comparoit les mésintelligences passagères des amis à *l'eau dont se ser-vent les forgerons pour allumer davantage leur brasier*. Quant au proverbe, *qu'il ne faut jamais se fier à un ennemi réconcilié*, il adoptoit la maxime contraire, et il disoit à ce sujet : « De fait, l'expérience enseigne que le calus qui se forme autour des os cassés, est si fort, qu'ils se rompent ensuite à un autre endroit plutôt qu'en celui de leur première brisure. »

Blâmant en général une trop grande indulgence dans les supérieurs, et pour faire sentir le mérite de l'obéissance à une autorité sévère, il disoit : « La lime rude ôte mieux la rouille, et polit davantage le fer qu'une plus douce et moins mordante. Voyez-vous comme l'on se sert de chardons fort aigus pour gratter les draps, et les rendre plus lisses et plus fins, et avec combien de coups de marteau on rend fine la trempe des meilleures lames d'épées. »

Au sujet de ceux qui mettent un empressement outré à multiplier les

néral, dans l'un des journaux de France les plus distingués sous
le rapport littéraire : vous y trouverez, Messieurs, le double
avantage d'avoir une opinion revêtue d'une tout autre autorité
que celle de notre propre sentiment, et réunissant le mérite du
style au poids de l'autorité.

« La collection des OEuvres de saint François de Sales deve-
« noit pour les possesseurs de belles et nombreuses bibliothèques
« une suite nécessaire, destinée à compléter les OEuvres de ces
« philosophes chrétiens, des Bossuet, des Bourdaloue, et sur-
« tout des Fénelon, à côté desquels François de Sales est placé
« depuis long-temps par la pureté de ses doctrines, comme par
« les grâces naïves de son style.

« Ce n'est pas toutefois qu'un goût éclairé puisse assimiler en
« tout les écrits de François de Sales à ceux de ces grands et im-
« mortels ornements de la religion et de la littérature ; le saint
« prélat s'indigneroit, s'il étoit vivant, d'une exagération louan-
« geuse dont sa gloire n'a aucun besoin. Il écrivoit à une époque
« où la langue françoise commençoit à peine à percer les nuages
« de la barbarie, et les modèles lui manquoient parmi les mo-

œuvres de piété, il disoit que c'étoit vouloir enfiler plusieurs aiguilles à la
fois.
On louoit un jour devant lui la piété d'un ecclésiastique en qui l'on
blâmoit en même temps le défaut d'instruction. « Il est vrai, dit-il, que la
piété et la science sont les deux yeux d'un pasteur des âmes ; mais comme
on ne laisse pas d'admettre dans les ordres sacrés ceux qui n'ont qu'un
œil, principalement celui du canon, de même un sujet qui n'a pas un
grand fonds de science peut encore être utile au ministère, s'il a l'œil du
canon, qui est une vie exemplaire et canonique, c'est-à-dire une vie bien
réglée. »
En considérant le soin d'une bonne réputation comme un moyen qui
peut contribuer à nous garantir du vice, il en est, disoit-il, comme des
feuilles des arbres, qui sont peu de chose en elles-mêmes, mais qui servent
néanmoins non seulement à embellir les arbres, mais à conserver les fruits
qui sont encore tendres, et à favoriser leur accroissement et leur maturité.
Toutefois, il ne vouloit pas que l'on portât trop loin les sollicitudes à cet
égard ; car il observoit que « Ceux qui sont si sensibles et si délicats sur
leur réputation, ressemblent à ceux qui prennent des médecines pour les
moindres incommodités : ceux-ci pensant conserver leur santé, finissent par
la ruiner tout-à-fait. Il faut mépriser, ajoutoit-il, les mauvais jugements : la
réputation injustement attaquée renaîtra bientôt avec plus d'éclat, de même
que la vigne et les cheveux, après qu'ils ont été coupés, reviennent plus
beaux et en plus grande quantité qu'auparavant. »
Voici comme il s'exprimoit sur le désir des richesses : « Si nous ne voulons
que ce qui est nécessaire à la nature, nous ne serons jamais pauvres ; si nous
voulons selon l'opinion, nous ne serons jamais assez riches. Celui-là n'aura
jamais assez, à qui ce qui suffit, ne suffit pas. Pour s'enrichir en peu de
temps et à petits frais, il ne faut pas entasser des biens ; mais *diminuer la cu-
pidité*, imiter les sculpteurs *qui font leur ouvrage en retranchant*. »

« dernes; trop occupé d'ailleurs des devoirs de son pénible pon-
« tificat, il avoit dirigé ses pensées vers d'autres travaux dont
« l'utilité lui paroissoit plus démontrée que la culture des mots
« et l'harmonie des périodes. . . . . . . . . . . . . . . . . .
« . . . . . . . . . . . . . Tel est l'ascendant de la vérité,
« telle est la puissance de la bonne foi, telle est la force péné-
« trante de l'onction qui anime toutes les pages de ses nombreux
« écrits, que la persuasion s'insinue dans les cœurs les plus
« froids, dans les esprits les plus rebelles, et que, comme dans
« Montaigne, dans Charron et dans Malherbe, des locutions sur-
« années ne produisent d'ordinaire d'autre effet que de graver
« plus profondément dans la mémoire la pensée de l'illustre
« écrivain, et de lui donner une couleur spéciale, distincte et
« merveilleusement appropriée au sujet qu'il traite.

« Ainsi, l'Académie françoise ne commit point une erreur,
« lorsqu'à la même époque où elle relevoit les fautes de langage
« échappées à Corneille dans son premier chef-d'œuvre, elle ne
« balança point à proposer pour modèles aux jeunes écrivains les
« ouvrages de saint François de Sales et ceux de Malherbe.
« C'est qu'en effet leur style, sans être à beaucoup près irré-
« préhensible, est cependant excellent en son genre, et que
« celui de l'évêque de Genève est inimitable. Ce qui est vrai de
« chaque auteur, disoit le P. Tournemine, est encore plus vrai
« et plus sensible dans les écrits de François de Sales. On y re-
« trouve à chaque ligne la tendresse de son cœur; on sent qu'il
« aime, et on éprouve le besoin de le payer de retour. Nulle
« autre part vous n'admirerez une éloquence plus persuasive,
« quoiqu'il soit impossible de reconnoître la trace de l'effort et
« l'empreinte du travail.

« Un juge plus compétent, à raison des matières traitées par
« François de Sales, et plus digne encore d'être son juge sous le
« rapport littéraire, le grand Bossuet, a prononcé, et il ne nous
« reste plus qu'à souscrire à son arrêt. Bossuet distingue dans
« les ouvrages de saint François de Sales les écrits purement
« dogmatiques, de ceux qui ont pour objet la direction des
« âmes; il avoue que la doctrine du saint prélat ne lui a pas
« toujours paru aussi liée et aussi exacte qu'il seroit à désirer;
« mais dans les livres ascétiques et moraux, *C'est là*, s'écrie
« Bossuet, *que François est véritablement sublime; et on ne*
« *connoît point parmi les modernes, avec sa douceur, une main*
« *plus ferme et plus habile que la sienne pour élever les âmes à*
« *la perfection et les détacher d'elles-mêmes.* Quel éloge pour
« un ministre des autels, et par quel ministre des autels, et par

« quel maître en éloquence, en théologie, en polémique, il est
« donné !

« Veut-on voir ce que pensoit du talent et de la manière
« d'écrire de saint François de Sales celui des évêques qui, juge
« non moins éclairé que Bossuet, étoit peut-être, par le carac-
« tère particulier de son génie et par l'aménité de ses mœurs,
« en rapport plus immédiat avec le génie et les mœurs de l'évê-
« que de Genève : *Son style naïf*, dit Fénelon, *montre une sim-*
« *plicité aimable qui est au-dessus de toutes les grâces de l'esprit*
« *profane. Vous voyez un homme qui, avec une grande pénétra-*
« *tion et une parfaite délicatesse pour juger du fond des choses*
« *et pour connoître le cœur humain, ne songeoit qu'à parler en*
« *bon homme, pour consoler, pour soulager, pour éclairer, pour*
« *perfectionner son prochain. Personne ne connoissoit mieux que*
« *lui la haute perfection ; mais il se rapetissoit pour les petits et*
« *ne dédaignoit jamais rien.* Il semble que, pour louer saint
« François de Sales, Fénelon emprunte la naïveté de son style.
« Remarquons, en passant, que la qualification de *bon homme*,
« appliquée depuis à La Fontaine, est employée ici dans l'ac-
« ception la plus honorable par l'écrivain le plus pur et le plus
« élégant du siècle de Louis XIV, par un homme que l'on n'a
« jamais accusé d'avoir méconnu la dignité du style et la no-
« blesse des formes oratoires. Combien de nos beaux esprits
« rougiroient d'être appelés aujourd'hui d'un nom que le génie a
« décerné à saint François de Sales, et la conscience publique à
« La Fontaine ! » (1)

Nous aurions désiré de pouvoir dire un mot de chacun des
ouvrages principaux du saint évêque de Genève ; mais outre que
ces ouvrages, extrêmement répandus et traduits dans un grand
nombre de langues étrangères, sont connus de tout le monde,
les détails dans lesquels nous aurions été entraîné auroient de
beaucoup dépassé les bornes que nous avons cru devoir nous
prescrire dans cette Notice.

Comme les Lettres du saint forment une partie considérable
de la collection de ses OEuvres, et qu'étant pour la plupart
adressées à des gens du monde, elles rentrent ainsi plus directement dans le domaine de la littérature, nous nous bornerons,
pour terminer notre Notice, à rappeler une partie de ce que
nous avons dit ailleurs de cet intéressant recueil, en observant
au surplus que l'humble auteur de ces Lettres ne les avoit pas
destinées à paroître sous les yeux du public, ce qui n'est pas indifférent pour en apprécier le vrai mérite.

(1) *Journal des Débats* du 9 décembre 1823.

Les Lettres de saint François de Sales, publiées séparément
en 1817, étoient, avons-nous dit, un vrai présent pour les
âmes pieuses. On y trouve des directions convenables pour
toutes les conditions, des conseils appropriés à toutes les situations, des consolations chrétiennes adaptées à toutes les peines
de la vie ; mine féconde d'instructions religieuses, où la morale
évangélique, toujours appliquée avec justesse, est mise à la por-
tée de toutes les classes, et où elle conserve cette onction, cette
sublime simplicité qui en fait le caractère dans la bouche du
Sauveur. Tout coule de source sous la plume facile et suave du
saint prélat; les préceptes de la piété s'y reproduisent sous
toutes les formes, et toujours sous une couleur aimable qui ravit
et gagne le cœur : il est inépuisable dans ses ressources, il trouve
des réponses à toutes les difficultés, des avis pour tous les cas,
des leçons toutes prêtes pour chaque circonstance. Avec quelle
lumière, avec quelle sagesse il conduit pas à pas dans le chemin
de la perfection ces âmes généreuses qui s'efforcent de dépouiller
les affections terrestres, et qui apprennent à diriger leurs mouvements vers les grands intérêts de la vie future! Hommes de
tout âge et de toute profession, ecclésiastiques et laïques, jeunes
personnes et mères de famille, religieux et hommes du siècle,
tous trouvent ici un excellent guide, tous reçoivent à son école
de sages leçons, des maximes salutaires et des règles utiles de
conduite.

Ce recueil n'est point sans attraits pour les gens du monde,
dont l'évêque de Genève s'est occupé avec une si vive et si tendre
sollicitude, à qui il n'a cessé de faire voir le chemin du salut ou-
vert à tous les rangs, à tous les états; à qui il a montré sous son
vrai point de vue cette religion divine dont le véritable esprit
s'allie avec toutes les situations, dont les pratiques s'accommo-
dent avec l'exercice de toutes les fonctions, dont les devoirs se
concilient avec tous les devoirs, ou plutôt dont l'essence consiste
principalement dans l'accomplissement des obligations de chaque
état, remplies selon les vues de Dieu. Là ils verront, par cette
foule d'exemples remarquables de personnes distinguées qui sol-
licitent et reçoivent avec docilité les avis et les instructions de
l'infatigable pasteur, ils verront qu'ils peuvent, sans se déshono-
rer, se mettre à la place de tant de personnes de mérite qui se
gardoient bien de négliger la première loi de la condition hu-
maine. Peut-être s'interrogeront-ils alors sur leur propre compte :
ils se demanderont en vertu de quelle exception ils se préten-
droient indépendants du souverain maître de qui ils tiennent la
vie et tous les biens dont ils jouissent, par quelle étrange préro-

gative ils seroient exempts de toute obligation envers lui ; comment un homme sensé peut rester indifférent sur ce qui l'intéresse le plus, sur une fin inévitable dont il voit tous les jours la preuve, et sur les chances du sort qui l'attend au sortir de cette vie si courte : ils sentiront combien il est déraisonnable de supposer tacitement que les trois quarts de la société puissent demeurer étrangers à une religion dont l'indispensable nécessité est pourtant reconnue, et de s'endormir d'un sommeil funeste dans cette inconcevable imprudence. Des réflexions salutaires suivront peut-être la lecture de ces Lettres, et le saint évêque triomphera encore après sa mort, de l'erreur et de l'égarement, avec les mêmes armes de la douceur et de la persuasion qu'il manioit de son vivant avec tant de succès.

Les hommes de lettres doivent aimer à feuilleter ce recueil : en consultant les dates, ils admireront plus d'une fois le naturel, le charme, l'aimable simplicité du style ; ils trouveront un véritable goût dans le choix et la sobriété des ornements, à une époque où les écrivains les plus en vogue en abusoient si fort ; ils reconnoîtront que ces Lettres sont une sorte de monument littéraire qui n'est pas sans mérite, si l'on tient compte du temps auquel il remonte, de la précipitation que l'auteur étoit obligé de mettre à écrire à tant de personnes, au milieu des occupations dont il étoit surchargé, et si l'on songe au peu de cas qu'il faisoit des agréments de l'esprit, lorsqu'il s'agissoit de parler au nom de la religion.

S'il étoit nécessaire d'ajouter quelque chose sur le mérite et le succès des écrits de saint François de Sales, nous citerions le nombre prodigieux des écrivains qui s'en sont occupés avec intérêt ; nous parlerions de l'empressement universel que les personnes de tout rang et de toute condition ont mis jusqu'ici à se les procurer, et des éditions innombrables qui en ont été faites dans tous les formats. L'*Introduction à la Vie dévote*, en particulier, eut un tel succès lors de sa première publication, que le libraire, en reconnoissance du bénéfice considérable qu'il avoit fait par la vente de cet ouvrage, fit exprès le voyage d'Annecy, pour offrir en don à son auteur une somme de quatre cents écus d'or.

Enfin, ce qui ajoute aux titres réels que saint François de Sales nous paroît avoir à l'estime des gens de lettres, c'est la part directe et active qu'il prit, de concert avec son savant ami le président Favre, à la fondation de l'*Académie Florimontane* d'Annecy, l'une des plus anciennes institutions de ce genre établies en Europe deçà les Alpes, après celle de Charlemagne et l'Académie des Jeux Floraux de Toulouse. Dans l'Académie d'Annecy, on s'occupoit de mathématiques, de philosophie, de jurisprudence, de grammaire françoise, d'éloquence, de poésie, de géographie et d'histoire. Cette Académie, dont saint François de Sales fut le président, avoit pour protecteur le duc de Genevois et de Nemours. Elle tenoit une séance publique chaque semaine, et distribuoit des prix à ceux qui y apportoient les meilleurs Mémoires sur des sujets conformes au but de cette louable institution, qui, en excitant beaucoup d'émulation, fit naître le goût des bonnes études et des connoissances utiles.

Tâchons, Messieurs, de faire revivre l'esprit de cette même institution, dont nous avons adopté la devise. En marchant sur les traces de ces deux célèbres fondateurs, en dirigeant toutes nos recherches vers le bien, en nous occupant spécialement de tout ce qui intéresse l'avantage de notre patrie, ce sera rendre en quelque sorte à leur mémoire un hommage qu'elle ne sauroit désapprouver, et leurs ombres illustres applaudiront à nos efforts.

FIN.

DE L'IMPRIMERIE DE CRAPELET,
Rue de Vaugirard, n° 9.

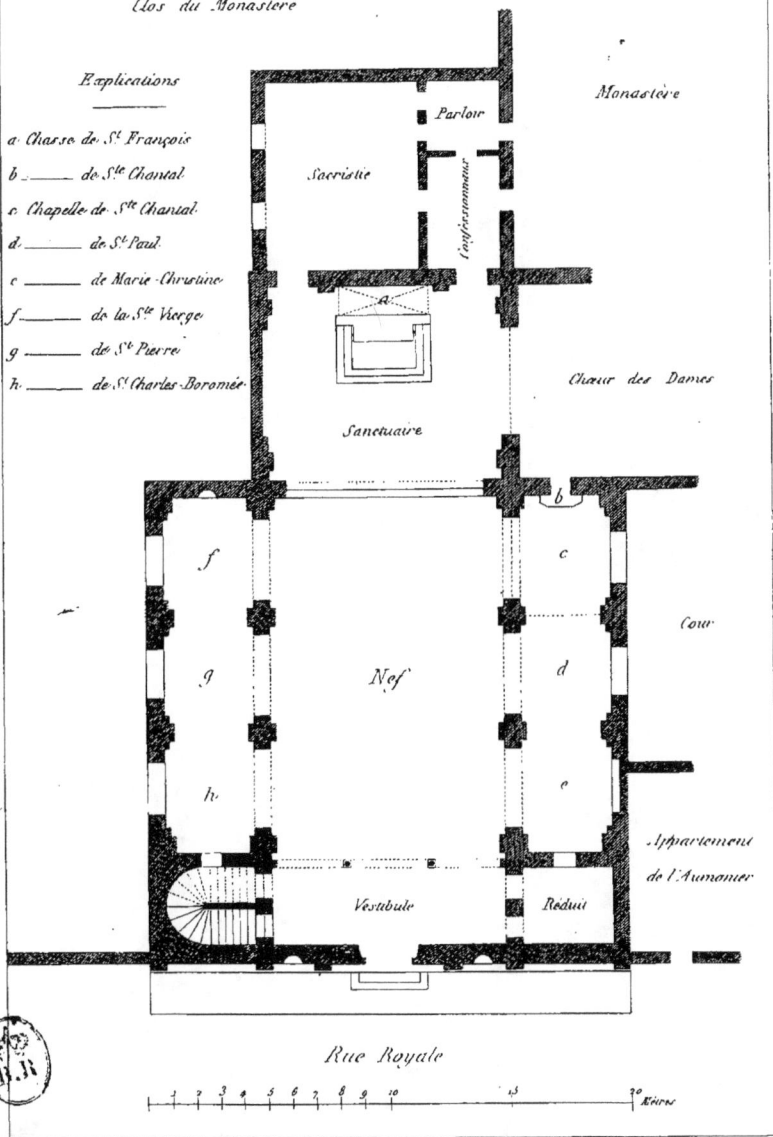

Clos du Monastère

Explications

a. Chasse de St François
b. ———— de Ste Chantal
c. Chapelle de Ste Chantal
d. ———— de St Paul
e. ———— de Marie-Christine
f. ———— de la Ste Vierge
g. ———— de St Pierre
h. ———— de St Charles-Boromée

Parloir

Monastère

Sacristie

l'infirmerie

Chœur des Dames

Sanctuaire

Cour

Nef

Appartement
de l'Aumonier

Vestibule

Réduit

Rue Royale

P. Dunant Ar. te inv.t

J. J. Leroy sculp.t

Plan de l'Eglise de la Visitation d'Annecy.

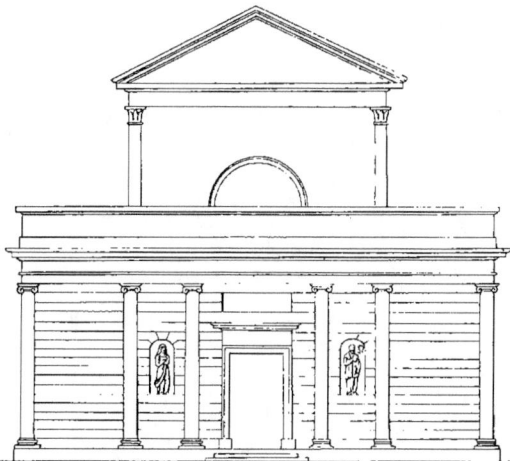

Façade de l'Eglise de la Visitation d'Anneci.

*P. Dumont inv.*

*J.J. Leroy sculp.*

*Vue intérieure de l'Église de la Visitation d'Annecy*

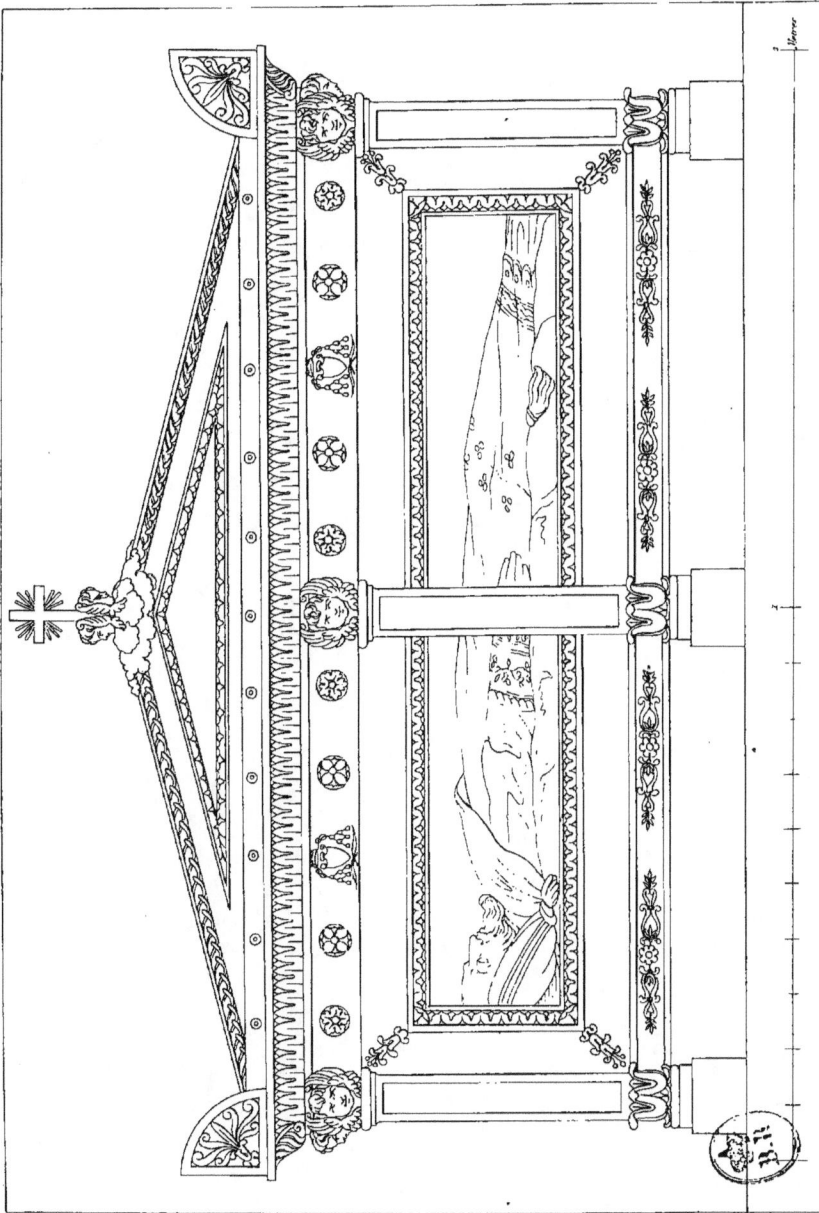

Châsse de St François de Sales.